RÜDIGER VON FRITSCH
ZEITENWENDE

RÜDIGER
VON FRITSCH

ZEITEN-WENDE

PUTINS
KRIEG
UND DIE
FOLGEN

 aufbau

MIX
Papier aus verantwor-
tungsvollen Quellen
FSC® C083411

ISBN 978-3-351-04176-2

Aufbau ist eine Marke
der Aufbau Verlage GmbH & Co. KG

6. vollständig überarbeitete Auflage 2022
© Aufbau Verlage GmbH & Co. KG, Berlin 2022
Satz LVD GmbH, Berlin
Druck und Binden CPI books GmbH, Leck, Germany
Printed in Germany

www.aufbau-verlage.de

INHALT

EINLEITUNG

»Sie suchen weiterhin nach den imaginären Nazis, vor denen sie angeblich unsere Leute schützen wollten, und sie können noch immer keine Ukrainer finden, die sie mit Blumen empfangen.« Putins Krieg gegen die Ukraine dauerte bereits mehrere Wochen, als der ukrainische Präsident Selenskyj in einer jener legendär gewordenen nächtlichen Videoansprachen das ganze Dilemma der russischen Aggression auf den Punkt brachte. »Wir werden uns keinen russischen Ultimaten beugen«, fügte Wolodymyr Selenskyj hinzu.

Politiker und Analysten weltweit hatten gehofft – und wohl auch erwartet –, Wladimir Putin werde es bei einer bloßen Drohung belassen, als er Ende des Jahres 2021 einen umfassenden militärischen Aufmarsch an der russisch-ukrainischen Grenze in Gang setzte. Mit der Drohung, so die Annahme, wollte er weitergehende Ziele gegenüber dem Westen durchsetzen, die er am 17. Dezember 2021 präsentiert hatte. Diese Einschätzung teilten bis zuletzt auch sehr viele Beobachter in Moskau.

Auch die Vertreter der politischen Führung des Landes dürften vermutet haben, ihr Präsident werde einem klassischen Handlungsmuster sowjetischer und russischer Politik folgen, sich auf der internationalen Bühne durch maximalen

Druck Gehör zu verschaffen. Sie werden auf ähnliche Weise im Dunkeln getappt haben wie wir im Westen. »Wir planen keine Offensive. Wir wollen keinen Krieg« – so Russlands Botschafter in Berlin in einem Interview mit einer deutschen Zeitung, das er am 23. Februar 2022, dem Tag vor dem russischen Angriff auf die Ukraine, auf der Website seiner Botschaft einstellen ließ. Er folgte damit der Sprachregelung seines Ministeriums, seines Ministers Sergej Lawrow. Es gehört zur russischen Politik, das als Wahrheit zu behandeln, was nützt, und nicht das, was stimmt. Doch bei einer unmittelbaren großen Lüge lässt man sich nicht gerne ertappen. Man belässt es lieber bei wolkigen Drohungen, die vieles möglich erscheinen lassen, so wie der russische Präsident es seit Wochen vormachte.

Russlands Diplomaten und möglicherweise auch Sergej Lawrow selbst werden von der Eskalation überrascht gewesen sein und – vermutlich erhebliche – Zweifel gehabt haben, ob dieser Überfall auf das Nachbarland mit all seinen Folgen wirklich den russischen Interessen diente. Ja, sie mögen sogar entsetzt gewesen sein. Die furchtbaren Bilder, die am 3. April um die Welt gingen, vom Massaker an der Zivilbevölkerung in Butscha, von Kriegsverbrechen, die ganz offensichtlich von russischen Soldaten verübt worden waren, werden auch sie erschüttert haben. Wie der Angriff auf Flüchtende im Bahnhof von Kramatorsk, die Bilder der Verwüstungen und Tötungen aus Borodjanka, die Entdeckung immer neuer Massengräber an Orten, die russische Truppen besetzt hatten. Sie werden gefürchtet haben, dass dies auch nicht die letzten solcher Bilder gewesen sein werden – und eine Ahnung davon gehabt haben, was sich in der seit Wochen bombardierten und ausgehungerten Stadt Mariupol zugetragen hatte. Sie werden gewusst haben, dass dieser Krieg jene einholen könnte, die ihn ausgelöst hatten. Doch die russischen Diplomaten sind Gefangene eines Systems von Abhängigkeiten, von Gehorsam und Furcht. So flüchteten sie sich in hilflose Erklärungen und haltlose Anschuldigungen. Schuld am Überfall auf die Ukraine war nach russischer Lesart diese selbst, und dahinter steckte, wie fast immer, der Westen.

Der Krieg gegen die Ukraine hat deutlich gemacht, dass wir es im Kern mit den Entscheidungen eines einzigen Mannes zu tun haben. Wladimir Putins Treffen mit führenden Männern seines Landes – Frauen sind in der Führung so gut wie nicht vertreten – vor Beginn und zu Anfang des Krieges haben dies schlaglichtartig erhellt. Am 21. Februar übertrug das russische Fernsehen prominent die Sitzung eines Gremiums, das sonst stets im Geheimen tagt: des nationalen Sicherheitsrates. Alle sind dort vertreten, die Macht und Einfluss in der Staatsführung haben – oder haben sollten. Der Präsident saß den in einiger Entfernung im Halbkreis vor ihm Versammelten gegenüber. Und rasch wurde deutlich, dass hier keine Beratung stattfand, sondern eine Akklamation des bereits Entschiedenen: der Anerkennung der beiden Separatistengebiete im Südosten der Ukraine als »unabhängige Staaten«.

Außenminister Lawrow legte ausführlich dar, warum die Entscheidung unabdingbar sei; er war schon immer und jederzeit in der Lage, aus dem Handgelenk jede aktuelle Wahrheit seines Präsidenten zu erklären, jede Wendung nachzuvollziehen und wortreich zu rechtfertigen. Michail Mischustin, der Ministerpräsident Russlands, erklärte, wie gut man auf alles vorbereitet sei, vergaß aber zu sagen, dass er Wladimir Putins Entscheidung für richtig halte. Dieser musste ihn erst dazu anhalten. »Bitte etwas lauter«, ermahnte der Präsident anschließend Dmitri Kosak, seinen Sonderbeauftragten für den Ukraine-Konflikt und windungsreichen Strippenzieher.

Vollends zu einer Versammlung von Schulbuben und Claqueuren geriet die Veranstaltung, als Sergej Naryschkin das Wort ergreifen musste. Wenn in Diplomatenkreisen in Moskau darüber gesprochen wurde, wer den Präsidenten möglicherweise ersetzen könnte, sollte dies kurzfristig nötig sein, war stets auch Naryschkins Name gefallen. Ein weltgewandter Mann, der fließend Englisch und Französisch spricht. Parlamentspräsident war er gewesen und dann zum Chef des mächtigen Auslandsgeheimdienstes SWR ernannt worden. Das war quasi der Ritterschlag – seither gehörte er zum innersten Kreis. Da stand er nun, unsicher und verwirrt und musste sich von Wladimir Putin vorführen lassen: »Was meinen Sie?!? Wir sollen einen Verhandlungsprozess starten??« Und: »Werden Sie den Vorschlag unterstützen oder unterstützen Sie ihn?!?« Er unterstütze den Vorschlag über einen Beitritt, antwortet der Geheimdienstchef, zunehmend irritiert. »Darüber reden wir heute nicht«, musste er sich korrigieren lassen. »Ich unterstütze den Vorschlag über die Anerkennung.« – »Gut, nehmen Sie bitte Platz.«

Hier tagte nicht das Politbüro der KPdSU aus sowjetischer Zeit, wo mächtige und selbstbewusste Persönlichkeiten wie beispielsweise der Außenminister Andrej Gromyko ihrem Generalsekretär Leonid Breschnew hinter verschlossenen Türen auch einmal erfolgreich widersprochen haben werden oder die einen Generalsekretär einfach austauschen konnten. Hier hatte ein Mann eine Entscheidung getroffen, die er bestenfalls im Kreis engster Getreuer erörtert haben mochte, den Mitgliedern des nationalen Sicherheitsrates verkündet und diese genötigt, sogleich öffentlich zu akklamieren. Sergej Naryschkin hatte, wie auch der Sekretär des Sicherheitsrates, der Hardliner Nikolai Patruschew, in den Tagen zuvor dafür plädiert, »dem Westen noch eine letzte Chance« zu geben. Das hätte er besser nicht getan: Wladimir Putin trieb ihn vor laufender Kamera in die Selbstdemontage.

Sechs Tage später – der Krieg war bereits in vollem Gange – saßen dem Präsidenten an einem jener berühmt gewordenen langen Tische sein Verteidigungsminister Sergej Schoïgu und der Oberbefehlshaber der russischen Streitkräfte Waleri Gerassimow gegenüber. Wenn hochrangige Offiziere versteinert schauen können, dann diese beiden, als Wladimir Putin sie anwies, die »Streitkräfte der Abschreckung« – so werden die Atomstreitkräfte der russischen Armee genannt – in eine erhöhte Alarmbereitschaft zu versetzen. Gehofft haben werden die beiden Offiziere in diesem Moment nur eines: Ihr Präsident spiele das alte Spiel sowjetischer und russischer Außenpolitik: Hat man etwas angerichtet, das internationale Empörung hervorruft, so setzt man noch einen drauf und bezichtigt unter heftigen Vorwürfen die andere Seite, an allem schuld zu sein. »Schuldlastumkehr« nennt sich das. Wenn man Glück hat, beginnt die andere Seite darüber nachzudenken, ob die Fehler nicht tatsächlich bei ihr liegen. In manchen Gesprächen in Moskau nach der Annexion der Krim 2014 hatte ich das Gefühl, wir seien auf der Halbinsel einmarschiert und nicht Russland. Ob denn auch sein Land einmal Fehler gemacht habe, hat die deutsche Osteuropa-Expertin Sabine Fischer

Wladimir Putin in einer Diskussion einmal gefragt. »Unser größter Fehler war es, dass wir Ihnen zu sehr vertraut haben«, antwortete der russische Präsident, ohne nachzudenken und fügte hinzu: »Und Ihr Fehler war es, dass Sie uns dieses Vertrauen als Schwäche ausgelegt haben.« Umgehend ist die Verantwortung zurückgereicht.

Im Februar 2022 war Wladimir Putin fast zwei Jahre von führenden Vertretern seines Landes – und auch von der Wirklichkeit – weitgehend abgeschieden gewesen. Wohl kein zweiter Staatschef schirmte sich während der Corona-Pandemie so hermetisch, ja angsterfüllt von der Außenwelt ab wie der russische Präsident. Veteranen, die er treffen wollte, mussten vorher vierzehn Tage in Quarantäne gehen; jeder Besucher des Präsidenten musste diverse Tests und umfassende Desinfizierungen durchlaufen. Experten und Berater, mit denen er sich in der Vergangenheit auszutauschen pflegte, drangen kaum noch zu ihm vor, immer seltener schaltete der Präsident sich in das Tagesgeschehen ein. Die Bekämpfung der Pandemie, die Wirtschaftssorgen, die Nöte der Bürger überließ er ganz der Regierung. Dafür frönte er seiner Leidenschaft: der Geschichte und der Geopolitik.

Im Sommer 2021 veröffentlichte Wladimir Putin ein langes Traktat mit einer eigentümlichen Weltsicht, das dazu dienen sollte, seine späteren Schritte vorzubereiten und zu rechtfertigen. Der russische Präsident begab sich auf eine historische Mission – die Berufung Russlands zu vollenden und sich selbst einen Platz in der Geschichte des Landes und der Weltgeschichte zu sichern. Auf schreckliche Weise sollte ihm dies gelingen.

*

Am 30. Juni 2019 war meine Zeit als Botschafter in Moskau zu Ende gegangen. Die fünf Jahre dort waren geprägt von Russlands Aggression 2014 – der Annexion der Krim und dem schrecklichen Krieg im Südosten der Ukraine, der bis zum Beginn der Ausweitung des Krieges 2022 allein schon 14.000 Menschenleben gefordert hatte. Zwei Grundanliegen haben mich in dieser Zeit geleitet: den russischen Bruch des Völkerrechts klar als solchen zu benennen und unsere Reaktion zu erläutern, ihm Grenzen zu setzen, zugleich jedoch deutlich zu machen, dass wir – der Westen und insbesondere Deutschland – weiterhin bereit waren, diesen Konflikt auf diplomatischem Wege zu lösen. Russland reagierte auf die westlichen Sanktionen wie zu erwarten mit Gegenmaßnahmen; seine Vertreter versuchten zugleich, in Verhandlungen über den Konflikt die Interessen ihres Landes durchzusetzen. Das waren die Regeln der Politik.

Jenseits des Konfliktes galt die Zeit, die meine Frau und ich in Moskau verbrachten, dem Versuch, alles zu unternehmen, was helfen konnte, Russen und Deutsche beieinanderzuhalten. Brücken waren genug gebaut: gute Wirtschaftsbeziehungen, ein reicher Kulturaustausch, wissenschaftliche Begegnungen, die Bemühungen von Bürgern beider Länder, die gegenseitigen Kenntnisse und Vertrautheit zu vertiefen. Wir unternahmen zahlreiche Reisen durch das Land und suchten überall das Gespräch – mit Künstlern und Schriftstellern, Journalisten und Jugendlichen, mit Wissenschaftlern, Unternehmern und Menschen in ihrem Alltag. Die Arbeit eines Botschafters bedeutet nicht nur, mit den Verantwortlichen in der Staatsführung eines anderen Landes im Austausch zu sein. Treffen mit Botschaftern sind im Dienstkalender eines Präsidenten oder Regierungschefs eines Landes normalerweise nicht vorgesehen; Gesprächspartner des Botschafters sind die Minister und deren Vertreter, die Berater des Präsidenten, Abgeordnete des Parlaments. Dennoch bin ich Wladimir Putin immer wieder begegnet, in erster Linie, wenn ich führende deutsche Politikerinnen und Politiker zum Gespräch mit dem Präsidenten begleitete. Die Besonderheit des deutsch-russischen Verhältnisses brachte es jedoch mit sich, dass sich ab und an auch die Möglichkeit zum unmittelbaren Gespräch mit Wladimir Putin ergab.

In dem Buch »Russlands Weg. Als Botschafter in Moskau«, das im Herbst 2020 erschien, habe ich von der Fülle der Eindrücke und Erfahrungen berichtet. Ich wollte aus dem unmittelbaren Erleben heraus erzählen und versuchen, Geschehnisse einzuordnen, meinen Blick zugleich aber über den Tag hinaus auf dieses große, uns oft so rätselhaft erscheinende Land zu richten – ein Land, dem ich noch immer in großer Sympathie verbunden bin.

Das letzte Gespräch mit Wladimir Putin, das ich am Ende meiner Zeit in Moskau führte, bildet eine Art Klammer um jenes Buch. In diesem Gespräch bestätigte sich ein Eindruck, den ich über die Jahre gewonnen hatte: Russlands Präsident mochte ursprünglich durchaus von dem Wunsch beseelt gewesen sein, sein Land in eine westliche Moderne und näher an Europa zu führen, zuletzt blieb er aber doch ein Gefangener des überkommenen autoritär-autokratischen Systems, das er selbst beförderte. Seine biografische Prägung spielte dabei sicher keine geringe Rolle. »Einmal KGB, immer KGB«, hat er selbst einmal dazu gesagt. In den Gesprächen mit ihm zeigte sich immer wieder seine Neigung, alles in Denkkategorien einzuordnen, die von Anfeindungen, Verschwörungen und Bedrohungen geprägt sind.

Eine zweite wichtige Komponente in Putins Denken ist die Fixierung auf den mit dem Zerfall der Sowjetunion verbundenen Niedergang einstiger Macht und Größe. In seiner bemerkenswerten Rede im Deutschen Bundestag 2001, welche über weite Strecken eigentlich eine Rede an seine eigene Nation war, hatte der russische Präsident noch von der Notwendigkeit gesprochen, mit der jüngeren Vergangenheit Russlands offen umzugehen. Doch über die Jahre rückte für ihn mehr und mehr eine Erzählung in den Vordergrund, die das Ende der Sowjetunion als furchtbare Niederlage sah, die andere zu verantworten hatten. Dies kulminierte in einem oft zitierten Satz von ihm, das Ende der Sowjetunion sei »die größte geopolitische Katastrophe des 20. Jahrhunderts« gewesen.

Aus dieser Perspektive, die ganz auf das eigene Leid und die Schuld anderer fixiert ist, zerbrach mit der Sowjetunion zugleich das alte Russische Reich. Ein Imperium, das in dem Maße zur europäischen Großmacht heranwuchs, wie es sich in kolonialer Eroberung immer weitere umliegende Gebiete einverleibte. Mit der Auflösung der Sowjetunion 1991 gingen große Teile dieser Gebiete verloren. Diesen Verlust kann Wladimir Putin nicht ertragen. Doch am Versuch, die Geschichte zu korrigieren, droht er zu scheitern.

Der autokratische Führer, der von niemanden mehr kontrolliert wird, der sich mehr und mehr der Beratung entzieht, dessen Weltsicht sich verzerrt, der einen sehr eigenen Blick auf die Geschichte hat und von einem Gefühl der Bedrohung getrieben ist – dies erklärt vieles dessen, was die Welt in den

Monaten seit Ende des Jahres 2021 erleben musste. Doch wir sollten uns zugleich hüten, Wladimir Putins Handeln für irrational, ja, wie manchmal zu hören, für wahnhaft zu halten. Sein Denken folgt einer Rationalität, nur einer anderen als unseres. Diese gilt es auszuleuchten.

*

Wie konnte es zu diesem Krieg kommen? War das, was wir erleben mussten, wirklich unvorstellbar oder gibt es im Rückblick Hinweise darauf, dass genau diese Entwicklung sich abzeichnete und vorherzusehen war? Hiervon soll dieses Buch handeln. Und von der Frage, wie wir mit dieser tiefen Erschütterung der europäischen Friedensordnung umgehen können, so schwer wir uns einen Neuansatz derzeit vorzustellen vermögen. Der berühmte Satz des strategischen Denkers Carl von Clausewitz, Krieg sei die Fortsetzung der Politik unter Einbeziehung anderer Mittel, besagt ja nichts anderes, als dass auch in Zeiten des Krieges der Primat der Politik gelten muss – in Zeiten eines Krieges, dessen Opfer die Ukraine ist, der sich insgesamt aber gegen den Westen und gegen die internationale Friedensordnung richtet.

I

WIE DER KRIEG ENDEN KÖNNTE – SZENARIEN

Als dieses Buch Ende August 2022 für eine weitere Auflage aktualisiert wurde, dauerte der Krieg gegen die Ukraine schon viel zu lange. Viel zu lange vor allem für die geschundenen Menschen des Landes, seine verwüstete Infrastruktur, seine zerstörten Städte. Mit jedem weiteren Kriegstag veränderte sich das Gesicht der Ukraine mehr, »dieses unglücklichsten Landes Europas«, wie der polnische Intellektuelle Adam Michnik es formuliert hat. Denn Wladimir Putins Schlag zielte auch darauf, die Identität der Ukraine auszulöschen, ihre kulturellen Traditionen, ihre Kirchen, Denkmäler und Bauwerke, ihre eigenständige Geschichte. Und der Krieg gegen die Ukraine dauerte viel zu lange aus Sicht Wladimir Putins, denn seine Absicht war ganz offensichtlich eine andere gewesen.

Die russische militärische Operation, die am 24. Februar 2022 begann, verfolgte offenkundig drei Ziele: Sie sollte erstens ukrainische Kräfte in möglichst großem Umfang durch anhaltendes, aber nicht entscheidendes Vorstoßen im Osten des Landes in Kampfhandlungen verwickeln und somit binden. Zweitens verfolgte sie das Ziel, im Süden eine Landbrücke herzustellen zwischen Russland und der Krim und, darüber hinaus, die Ukraine nach Möglichkeit weitgehend oder ganz vom Schwarzen Meer abzutrennen. Dem galten unter anderem die schrecklichen Angriffe auf Mariupol. Das dritte und wesentliche Ziel der russischen Invasion war es, einen schnellen, entscheidenden Schlag gegen das Herz der Ukraine zu führen, gegen Kiew und die Führung des Landes. Mit weit größeren Verlusten als erwartet, gegen eine sich standhaft wehrende ukrainische Armee, gelang es nach und nach, die beiden ersten Ziele zu erreichen: im Osten blutige Kämpfe zu entfachen und große Teile der Schwarzmeerküste einzunehmen. Doch der rasche siegreiche Vorstoß auf Kiew, das eigentliche Ziel der russischen Aggression, misslang.

Die Vorstellungen beider Seiten darüber, welches die Bedingungen für eine Einstellung der Kampfhandlungen sein müssten, standen sich von Anfang an weitgehend unversöhnlich gegenüber. Wladimir Putins Russland beharrte auf vier Forderungen: Die Ukraine müsse erstens die Zugehörigkeit der Krim zu Russland anerkennen und, zweitens, nicht nur die Unabhängigkeit der separatistischen Gebiete, der sogenannten »Volksrepubliken«, akzeptieren, sondern auch deren territoriale Ausdehnung auf die gesamten ukrainischen Oblaste (Verwaltungsbezirke) Donezk und Luhansk. Bislang kontrollierten die »Volksrepubliken« etwa nur ein Drittel dieser Regionen. Die Ukraine müsse drittens »demilitarisiert« werden und sich für neutral erklären. Und viertens müsse die Ukraine »denazifiziert« werden, was aus russischer Sicht nichts anderes heißen sollte, als dass zumindest die politische Führung mit Präsident Selenskyj an der Spitze ausgetauscht, wenn nicht die gesamte Führungsschicht des Landes vernichtet werden müsse.

Die ukrainische Führung war auch angesichts großen Leides und schrecklicher Vernichtung nicht gewillt, den Kampf gegen den Aggressor einzustellen und die russischen Forderungen zu akzeptieren. Schon vor Ausbruch der Kampfhandlungen hatte Präsident Selenskyj jedoch angedeutet, dass man sich vorstellen könne, zur Neutralität zurückzukehren. Dies war bis 2014 die Position seines Landes gewesen. Erst nach der russischen Annexion der Krim und angesichts des von Russland entfachten Krieges im Donbas hatte das ukrainische Parlament 2019 eine NATO-Mitgliedschaft zum Verfassungsziel erhoben.

Präsident Selenskyj machte jedoch klar, dass eine Neutralität in Zukunft mit harten Schutzzusagen dritter Mächte bewehrt sein müsse, um zu verhindern, dass die Ukraine erneut allein einem Aggressor gegenüberstehe. Sogenannte Garantiemächte müssten also das Recht erhalten, einzugreifen, sollte die Ukraine erneut in einen Konflikt verwickelt werden. Russland schien sich hierauf einlassen zu wollen – doch Außenminister Lawrow machte in einem Interview mit dem Fernsehsender al-Arabiya am 29. April deutlich, dass solche Garantien sich selbstverständlich nicht auf die Krim und das Gebiet der sogenannten »Volksrepubliken« erstrecken könnten. Für Russland war allein schon die Vorstellung nicht akzeptabel, dass eine neutrale Ukraine auch bewaffnet sein sollte. Ein Blick ins Handbuch des Völkerrechts reicht, um zu sehen, dass ein solcher Selbstschutz Grundvoraussetzung von Neutralität ist – man denke an die Schweiz oder an Österreich. Präsident Selenskyj hatte zudem betont, dass man ukrainisches Territorium nicht preisgeben werde. Allerdings hatte er für die Zukunft Volksbefragungen in Aussicht gestellt. Für die Forderung nach »Denazifizierung« hatte er begreiflicherweise nur Hohn übrig.

Es gelang über Monate nicht, einen Waffenstillstand zu vereinbaren, um zu substanziellen Verhandlungen übergehen zu können. Auch blieb es äußerst schwierig, belastbare Verabredungen über humanitäre Korridore zu treffen. Somit stellte sich zunehmend die Frage, wie dieser schreckliche Konflikt überhaupt zu einem Ende gebracht werden könnte.

Nach mehr als sechs Monaten Kriegsgeschehen zeichneten sich Ende August für den weiteren Verlauf des russischen Krieges gegen die Ukraine grundsätzlich vier denkbare Szenarien ab. Sie sollen hier unabhängig von der Frage, welches Szenario wie realistisch war, skizziert werden.

Szenario 1: Es kommt zu einem ukrainischen Sieg

Bald nach Kriegsbeginn wurde deutlich, dass der russische Angriff auf die Ukraine unter erheblichen Schwächen litt. Der Zustand der russischen Streitkräfte, die an der Invasion beteiligt waren, erwies sich als schlechter als erwartet. Es bewahrheitete sich der Satz des führenden russischen Militärexperten Alexander Golts: »Gefährlich zu scheinen, ist billiger, als gefährlich zu sein.«

Ein Blick auf die russischen Militärausgaben (die 2020 etwa auf dem Niveau jener von Großbritannien lagen) über die zurückliegenden Jahre zeigt, dass das Geld, neben Ausgaben für die Modernisierung der Nuklearstreitkräfte, in erster Linie in Luftverteidigungssysteme und in die Entwicklung von Hyperschallsystemen geflossen war, in die Verbesserung der Cyber-Fähigkeiten des Militär-Geheimdienstes, in die Ausrüstung der Spezialkräfte – die dann in Syrien eingesetzt wurden – und in maritime Systeme. Die Ausgaben für die Landstreitkräfte, die in der

Ukraine vor allem zum Einsatz kamen, rangierten erst an siebter Stelle der konventionellen Prioritäten. In Berichten aus dem Einsatzgebiet häuften sich Klagen über Mängel in der Logistik, Probleme der Versorgung der Streitkräfte mit Nahrung, Munition und Treibstoff und über hohe Opferzahlen. Auch bei der Führung der Operation zeigten sich erhebliche Schwächen, vor allem in der Kommunikation und Koordination. Mehrere russische Generäle kamen offenbar ums Leben, als sie sich in die vordere Linie des Kampfgeschehens begeben mussten. Aus der Kommunikation mit ihren Familien und den Berichten gefangener und desertierter russischer Soldaten ergab sich, dass es um die Kampf-Moral der vielfach sehr jungen Soldaten nicht gut bestellt war. Am 14. April sank – möglicherweise als Ergebnis eines ukrainischen Raketenangriffs – die »Moskwa«, das Flaggschiff der russischen Schwarzmeerflotte, das seit dem 18. Jahrhundert zum Mythos russischer Expansionspolitik geworden war. Erst als Angehörige gefallener Matrosen nachfragten, sah das russische Verteidigungsministerium sich gezwungen, einzuräumen, dass es Tote gegeben hatte. Der Untergang des größten Militärschiffes im Schwarzen Meer war für Russland nicht allein ein schwerer militärischer Schlag, es war vor allem auch ein beschämender Prestigeverlust.

Der russischen Armee gelang es zwar, Geländegewinne zu erzielen und ukrainische militärische Einrichtungen zu zerstören, die ukrainischen Streitkräfte, unterstützt von der Bevölkerung, waren jedoch nicht bereit, die großen Städte preiszugeben. Das russische Kalkül, insbesondere Kiew ohne allzu großen Widerstand rasch zu erobern, ging nicht auf. Also verlegte man sich darauf, die Städte mit Artillerie und Raketen zu beschießen und richtete die Kriegführung neu aus. Man konzentrierte sich zunächst darauf, den Osten der Ukraine und den Landweg zur Krim zu erobern.

Voraussetzung eines ukrainischen Sieges wären eine Stagnation der Kampfhandlungen und eine zunehmende Ermüdung des russischen Angriffs, auch aufgrund von Materialverschleiß und einer zunehmenden Demoralisierung der Truppe. Wachsender Widerstand gegen den Krieg in Russland könnte eine solche Entwicklung befördern. Würde es den Ukrainern gelingen, die russischen Streitkräfte zurückzudrängen, oder würden sich diese zumindest aus jenen Gebieten zurückziehen, die sie seit Kriegsbeginn 2022 erobert hatten, könnte sich Präsident Selenskyj gegebenenfalls bereit erklären, die Annexion der Krim und die Existenz der sogenannten »Volksrepubliken« im Südosten als einstweilen gegeben hinzunehmen, ohne diesen Zustand wirklich anzuerkennen. Die zunehmende Lieferung auch schwerer Waffen aus dem Westen führte den Präsidenten zu allerdings noch größerer Entschlossenheit: »Dieser russische Krieg gegen die Ukraine und gegen das gesamte freie Europa hat mit der Krim begonnen und muss mit der Krim enden – mit ihrer Befreiung«, sagte Wolodymyr Selenskyj am 10. August in einer seiner Videobotschaften.

Im Ergebnis eines ukrainischen Sieges würde das Land seine Staatlichkeit vollständig bewahren können. Dazu würden auch das Recht und die Möglichkeit gehören, sich Bündnissen anzuschließen wie der Europäischen Union.

Die Frage einer Mitgliedschaft in der NATO würde sich im Falle einer Neutralität nicht mehr stellen, völlig ausschließen wollte Präsident Selenskyj eine solche Perspektive schließlich aber nicht mehr. Die Ukraine würde von Russland Reparationen für die enormen Schäden verlangen, die infolge der Aggression entstanden sind.

Szenario 2: Es kommt zu einem russischen Sieg

Die geschilderten Schwächen des russischen Angriffs werden Wladimir Putins Entschlossenheit bestärkt haben, diesen Krieg um jeden Preis zu gewinnen, und sei es mit einem modifizierten Ziel. Nicht nur für ihn, sondern für die gesamte Führung, aber auch für große Teile der Bevölkerung war es schlechterdings unvorstellbar, dass die Nuklearmacht Russland einen Krieg gegen ein wesentlich kleineres und schwächeres Land verliert, ein Land, das, so Wladimir Putin wiederholt, eigentlich gar nicht recht existiert. Russlands Selbstverständnis macht einen Sieg unabdingbar.

Vor allem aber erforderte das Machtinteresse des Präsidenten einen Erfolg: Jedes zu weite Abrücken von den ursprünglichen Kriegszielen, jeder zu offensichtliche Kompromiss – ganz zu schweigen von einer Niederlage – bedeutete eine Bedrohung seiner Macht. Ein Herrscher in einer derart starken, fast unumschränkten Position darf kein Zeichen von Schwäche zeigen. In den Reihen derer, die er in Furcht und Abhängigkeit hielt, hätten sich rasch einige zusammentun können, die bereit waren, ihn zu stürzen. Wäre zu den Folgen der Sanktionen, die bald nach Kriegsbeginn im Lande zu spüren waren, noch eine Niederlage hinzugekommen, wären mittelfristige Proteste größeren Ausmaßes nicht auszuschließen gewesen. »Ja, sie unterstützen ihn«, sagte mir ein kenntnisreicher russischer Gesprächspartner einmal. »Aber keiner würde für ihn auf die Straße gehen, sollte er straucheln.«

Die russischen Streitkräfte waren den ukrainischen im Prinzip deutlich überlegen, zahlenmäßig, an Ausrüstung und dank der Möglichkeit, weitere Kräfte nachzuführen. Als der Angriff nicht wie erhofft vorankam, setzte die russische Seite zusätzliche Mittel ein, weitreichende Artillerie und Raketenangriffe im ganzen Lande. Die Entschlossenheit Wladimir Putins, den Krieg um jeden Preis zu seinen Gunsten zu entscheiden, zeigte sich in der gnaden- und rücksichtslosen Art der Kriegführung, die vor zivilen Zielen und Zivilisten nicht haltmachte. In Mariupol wurde eine Geburtsklinik angegriffen, in Kramatorsk ein Bahnhof voller Flüchtender, in Krementschuk ein belebtes Einkaufszentrum. Die russische Strategie setzte auch auf wachsende Verzweiflung in der Bevölkerung und eine zunehmende Bereitschaft, einer Kapitulation zuzustimmen. Zudem mag die russische Führung auch auf denkbaren Widerstand innerhalb der ukrainischen Führung gegen Wolodymyr Selenskyjs Kurs gesetzt haben und auf eine wachsende Stimmung, »ein sinnloses Blutvergießen zu beenden«, sollte der Krieg sich hinziehen.

Der erfolgreiche russische Vorstoß entlang der Küste des Asowschen und des Schwarzen Meeres verband die Krim mit den sogenannten »Volksrepubliken« und somit mit Russland. Eine Einnahme der gesamten Küste des

Schwarzen Meeres einschließlich Odessas würde die Ukraine gänzlich vom Meer abschneiden. Bei der Eroberung der Oblaste Donezk und Luhansk zeigte sich die zahlenmäßige Überlegenheit der russischen Streitkräfte. Die Weigerung anderer Staaten, über dem Territorium der Ukraine eine Flugverbotszone einzurichten, ließ den russischen Streitkräften die Luftherrschaft, die von der ukrainischen Luftverteidigung allein nicht zu brechen war.

Um behaupten zu können, er habe einen Sieg erzielt, genügte Wladimir Putin die weitgehende Besetzung des Ostens und des Südens des Landes. Eine mögliche Bereitschaft, auf die Hauptstadt zu verzichten, musste ihm bereits einiges an Erklärung abverlangen. Seine Idee wird gewesen sein, den Westen des Landes, eine Art Rest-Ukraine, unter ständiger russischer Bedrohung, sich selbst zu überlassen. Den eroberten Teil der Ukraine konnte Russland entweder direkt annektieren oder in einen Vasallenstaat nach Moskauer Vorstellungen umwandeln. Die Führer der »Volksrepubliken« begannen, laut darüber nachzudenken, sich Russland anzuschließen, im Süden ließen sich neue »Volksrepubliken« errichten. Der Wiederaufbau des Landes wäre weitgehend von Russland zu leisten und zu finanzieren.

Wladimir Putin wird zudem darauf gesetzt haben, mit einem Sieg über die Ukraine und der dabei unter Beweis gestellten rücksichtslosen Aggressivität erneut Druck auf den Westen auszuüben. Seine weiter reichenden geostrategischen Ziele würden im Falle eines russischen Sieges, so sein Kalkül, erneut auf dem Tisch liegen.

Szenario 3: Es kommt zu einem Patt

Das russische Militär war grundsätzlich in der Lage, den Krieg mit erheblichen zusätzlichen Anstrengungen lange fortzuführen. Infolge des tatsächlichen Kriegsverlaufs, einer ukrainischen Bevölkerung im Dauerwiderstand und der zunehmenden Lieferung leistungsfähiger westlicher Waffen sowie angesichts der massiven Auswirkungen der westlichen Sanktionen auf die russische Volkswirtschaft könnte Wladimir Putin zu einer Abwägung kommen: sich auf ein Patt einzulassen, das er zu Hause als Erfolg verkaufen konnte und das die Entscheidung ihm überließ, gegebenenfalls erneut und noch dramatischer zu eskalieren.

Es käme entweder zu einem Waffenstillstand mit der wechselseitigen Zusage, über inhaltliche Fragen anschließend zu verhandeln. Die russischen Streitkräfte stünden weiterhin in großen Teilen der Ukraine, eine Rückkehr zu Stabilität, Normalität und Wiederaufbau würde sehr schwierig. Dies wäre der Zustand eines »eingefrorenen Konfliktes«, die Situation bliebe extrem instabil. Die russische Politik war in der Vergangenheit äußerst erfolgreich darin, solche Instabilitäten zu erhalten, um so auch Einfluss auf die internationale Lage zu nehmen. Man denke an Georgien mit seinen abgetrennten Landesteilen, an den Zustand der Ukraine seit 2014 – oder an die nur oberflächlich gelösten Konflikte auf dem Balkan.

Ein Waffenstillstand könnte aber auch erste Verabredungen über inhaltliche Fragen enthalten. Beide Seiten würden auf einen Teil ihrer ursprünglichen Forderungen verzichten. Russland würde den Fortbestand der staatlichen

Unabhängigkeit der Ukraine einschließlich ihrer derzeitigen Führung anerkennen. Beide Seiten würden erklären, bezüglich ihrer Territorialkonflikte – sprich: der Annexion der Krim, des Landweges dorthin und der Separation der »Volksrepubliken« – unterschiedlicher Auffassung zu sein und einstweilen den Status quo akzeptieren. Dies wäre faktisch zu Russlands Gunsten. Die Ukraine würde zusichern, sich unter den von ihr genannten Bedingungen für neutral zu erklären. Schwieriger Gegenstand solcher Verabredungen anlässlich eines Waffenstillstandes würde die Frage eines vollständigen oder teilweisen Abzugs der russischen Streitkräfte sowie von Reparationen werden.

Wie auch immer ein Waffenstillstand im Ergebnis eines Patts ausgestaltet wäre: In einer Situation, die zwar den Kriegsverlauf, nicht jedoch die tatsächliche Stärke beider Seiten widerspiegelt, stünde die Ukraine unter dem ständigen Druck eines erneuten russischen Angriffs. Präsident Selenskyj machte klar, dass er nicht bereit sein werde, sich einem Diktatfrieden zu beugen.

Ein Patt wie ein ukrainischer Sieg können dadurch befördert werden, dass sich in Russland die politischen Verhältnisse ändern, sei es im Ergebnis wachsenden Widerstandes im Lande oder eines Wechsels an der Spitze.

Szenario 4: Es kommt zu einer Eskalation des Konfliktes
Es war nicht auszuschließen, dass der Konflikt sowohl in der Ukraine wie auch über die Ukraine hinaus eskaliert.

Sollte Wladimir Putin seinen Krieg über längere Zeit nicht erfolgreich zu Ende führen können, jedoch entschlossen – und in der Lage – bleiben, diesen zu gewinnen, könnte er ihn eskalieren. Hierzu könnte er zum einen »mehr vom Gleichen« tun: mehr Streitkräfte, mehr Artilleriebeschuss, mehr Raketen, mehr Leid der Zivilbevölkerung. An seiner Bereitschaft hierzu sollte kein Zweifel bestehen. Seine Kriegführung in Tschetschenien oder in Syrien hat gezeigt, dass er bereit war, Grosny oder Aleppo dem Erdboden gleichzumachen, um – angebliche oder tatsächliche – Terroristen auszumerzen, die sich dort verschanzt hatten oder die er dort vermutete.

Die russische Kriegführung folgt bislang, auch in ihrer Eskalation, dem Handbuch der russischen Militärstrategie. Dazu gehört der eventuelle Einsatz taktischer Nuklearwaffen. Dies mag weniger furchtbar klingen, als es ist – »taktisch« bedeutet schließlich »begrenzt«. Diese »Begrenzung« sollte man sich jedoch vor Augen führen: Die Wirkung einer einzigen solchen Waffe kann die der Hiroschima-Bombe von 1945 deutlich übertreffen. Mit der im Zielgebiet angerichteten Vernichtung dürfte die russische Seite in einer von ihr besetzten Ukraine bereit sein umzugehen. Sie würde daher wohl auch eher ein »abgelegenes Gebiet« als eine der großen Städte treffen.

Eine Eskalation des Krieges gegen die Ukraine durch den Einsatz von Nuklearwaffen auf deren Territorium würde die internationale Debatte in ähnlicher Weise verschärfen wie der Einsatz von chemischen oder biologischen Waffen. In der Abschlusserklärung des Brüsseler NATO-Gipfels unter Teilnahme Präsident Bidens am 24. März 2022 hieß es: »Jegliche Verwendung chemischer oder biologischer Waffen durch Russland wäre inakzeptabel und würde schwerwiegende Konsequenzen nach sich ziehen.« Das Gleiche dürfte für den Einsatz von Nuklearwaffen in der Ukraine gelten. Für Wladimir Putin dürfte dies Ultima Ratio bleiben – für den Fall, dass er sich damit eine »vorteilhafte« Beendigung des Krieges erhoffte.

Bei der Verwendung einer A-, B- oder C-Waffe durch Russland dürfte der Druck erheblich steigen, die Sanktionen noch einmal zu verschärfen und möglicherweise doch eine Flugverbotszone über ukrainischem Territorium durchzusetzen. Abgesehen davon, dass bereits das Erscheinen westlicher Militärflugzeuge über der Ukraine von Russland als Angriff der NATO betrachtet werden dürfte, lässt eine Flugverbotszone sich wirkungsvoll nur dann durchsetzen, wenn die den Luftraum kontrollierenden Flugzeuge bei Zuwiderhandlung das Feuer eröffnen dürfen und selbst zuverlässig geschützt sind. Hierfür müssten die russischen Luftabwehrraketen ausgeschaltet werden, die auf russischem Territorium stationiert sind. Eine direkte Konfrontation zwischen der NATO und Russland wäre unvermeidlich.

Die NATO unternahm alles, um eine Eskalation der russischen Aggression hin zu einer Konfrontation mit dem transatlantischen Bündnis zu vermeiden. Dem lag die Überzeugung zugrunde, dass eine Ausweitung des Konfliktes Leid und Vernichtung weit größeren Ausmaßes nach sich ziehen dürfte, ohne dass der Ukraine damit geholfen wäre.

Doch eine solche Ausweitung konnte auch Wladimir Putin nicht wünschen. Der Wortlaut des Art. 5 des NATO-Vertrages ist jedem Mitglied der russischen Führung bekannt. Dort haben die Vertragsparteien vereinbart, »dass ein bewaffneter Angriff gegen einen oder mehrere von ihnen in Europa oder Nordamerika als ein Angriff gegen sie alle angesehen werden wird«. Zudem weiß Wladimir Putin um die Unterlegenheit der russischen Streitkräfte gegenüber der versammelten Streitmacht der NATO. Moskau und Washington hatten den »heißen Draht« aktiviert, um zu vermeiden, dass es zu einer »zufälligen« Konfrontation zwischen beiden Mächten kommt. Damit soll verhindert werden, dass der Einschlag eines fehlgeleiteten Flugkörpers auf NATO-Territorium oder eine lokale Auseinandersetzung in Grenznähe sich durch Entscheidungen überhitzter örtlicher Kommandeure zu einem Flächenbrand ausweitet.

Seine strategischen Nuklearwaffen darf Russland, hält es sich an seine eigenen Gesetze, überdies nur einsetzen, wenn es selbst nuklear angegriffen wird oder die Existenz des Landes bedroht ist. Als Wladimir Putin am 9. Mai anlässlich der Parade zur Feier des »Tages des Sieges« im Zweiten Weltkrieg eine Rede hielt, erwähnte er die Nuklearwaffen nicht – aber er gab einen indirekten Hinweis auf die Bedingungen ihres Einsatzes, als er seine Sicht des Angriffskrieges gegen die Ukraine darlegte: »Russland hat eine präventive Antwort auf die Aggression gegeben.« Wenn Russland also nicht angegriffen worden war, zudem nicht nuklear, gab es keinen Grund, auf das strategische Atomwaffenarsenal zurückzugreifen – hält man sich an die selbst gesetzten Regeln. Und eine Bedrohung der Existenz Russlands würde auch Wladimir Putin derzeit nicht behaupten wollen.

Zudem zeigte sich im Verlauf des Mai, dass Wladimir Putin

offensichtlich zwei andere Formen der Eskalation seiner Kriegführung wählte: Zum einen blockierte er den Export ukrainischen Getreides, das für die weltweite Versorgung eine erhebliche Rolle spielt. Dadurch schien er zu hoffen, dass es in Ländern Afrikas und des Nahen Ostens, die auf entsprechende Importe angewiesen sind, zu politischen Instabilitäten kommen würde. Diese könnten sich dann in Druck auf den Westen niederschlagen, ›Russland nachzugeben‹. Seine Erfahrung aus dem Syrien-Krieg hatte ihm überdies gezeigt, dass sein Handeln geeignet war, Migrationsströme auszulösen, die den Westen vor erhebliche Probleme stellten. Dieses zynische Kalkül legte Wladimir Putin in einer Rede am 12. April im russischen Weltraumzentrum Wostotschny offen, als er ein entsprechendes Schreckensszenario malte und die Verantwortung selbstverständlich dem Westen zuwies: Werde dieser seine Sanktionsmaßnahmen fortsetzen, so werde es zu Lebensmittelknappheit, zu extrem hohen Preisen weltweit und zu Hunger kommen. »Das ist unvermeidlich. Und der nächste Schritt werden neue Wellen der Migration sein, unter anderem in die westlichen Länder.« Putins Weggefährte und enger Berater Nikolai Patruschew fügte dem in einem Interview am 26. April hinzu: »Die meisten Ukrainer, die in den Westen kommen, glauben, dass die Europäer sie unterstützen und versorgen sollten, und wenn sie gezwungen werden zu arbeiten, beginnen sie zu rebellieren.« Der Zustrom von Migranten aus der Ukraine werde Europa überdies an längst vergessene Infektionen erinnern, so Patruschew, denn die Ukraine habe ihr eigenes Gesundheitssystem fast vollständig zerstört.

Zum anderen setzte Wladimir Putin, nach viermonatigem Zögern und nachdem der Westen bereits begonnen hatte,

Energielieferungen als Hebel einzusetzen, um Druck auf Russland auszuüben – ein Importstopp für russisches Öl und russische Kohle –, seinerseits Energie als Waffe ein: Er reduzierte die Gaslieferungen nach Westeuropa. Sein offenkundiges Kalkül: Konnte er den Krieg in der Ukraine selbst schon nicht zu seinen Gunsten entscheiden, so konnte er doch die übrige Welt auf anderem Wege zwingen, sich auf ihn und seine Ziele einzulassen.

Als westliche Staaten sich bereit erklärten, der Ukraine auch schwerere Waffen zur Verfügung zu stellen, kamen aus Moskau einmal mehr unklar-drohende Äußerungen, die vor einer Eskalation des Krieges hin zu einer Konfrontation Russlands mit der NATO warnten. Bei Licht betrachtet sprach man jedoch lediglich von der Möglichkeit eines Angriffs der NATO. Im bereits zitierten Interview mit al-Arabiya vom 29. April wurde Sergej Lawrow gefragt, ob Russland sich aufgrund der Lieferung von Waffen aus dem Westen nun im Krieg mit der NATO befinde. »Wir betrachten uns nicht als im Krieg mit der NATO« antwortete der russische Außenminister. »Leider scheint die NATO sich im Krieg mit Russland zu sehen«, da man dort sage, Putin müsse scheitern, Russland besiegt werden. »Sobald diese Waffen ukrainisches Gebiet erreichen, sind sie Freiwild für unsere Sonderoperation.« Mit Nachdruck verwies er zugleich auf eine Erklärung der fünf ständigen Mitglieder des UN-Sicherheitsrates vom Januar 2022, dass es nie zu einem Nuklearkrieg kommen dürfe. Wieder: Schuldlastumkehr – und eine klare Begrenzung der Kriegführung auf das Gebiet der Ukraine.

II

DER SCHATTEN
DER GESCHICHTE

DAS SYSTEM PUTIN

Alle Macht geht von Wladimir Putin aus. Einmal im Jahr spricht der russische Präsident in einer langen Fernsehveranstaltung mit seinem Volk. Er hört sich seine Sorgen an – natürlich nicht die politischen, aber die des Alltags –, veranlasst noch während der Sendung, dass die defekte Leitung der Fernheizung in einer Kleinstadt umgehend repariert wird, dass schludrige Bürokraten ihre Arbeit tun, dass die Gesundheitsstation in einer weit abgelegenen Siedlung nun eben doch nicht geschlossen wird. In seinem zweiten großen jährlichen Auftritt, der »Poslanie«, der »Botschaft« an das Land, weist er seine Regierung an, nun endlich die Korruption zu bekämpfen und die schlechte Produktivität der Wirtschaft zu erhöhen. Er verkündet große neue Reformpläne und ordnet an, die Versorgung mit Getreide zu verbessern. Jährlich wieder wird er solches verlangen, denn es ändert sich wenig. Oder es wird schlechter.

Doch die Menschen wissen, was sie an ihrem Präsidenten haben, der sich im Zweifel um alles kümmert und leider mit schlechten und unfähigen Untergebenen zu kämpfen hat. So war das immer schon. Vor allem die älteren Menschen wissen, dass es ihnen heute besser geht als zu Zeiten der Sowjetunion oder während der großen Umwälzung der neunziger Jahre. Dafür sind sie ihrem Präsidenten dankbar, vor allem aber für seine erfolgreichen Bemühungen, das zu gewährleisten, was ihnen oft noch wichtiger ist als die Bewältigung der Alltagsprobleme: Es herrscht Stabilität und Ordnung im Land. Nicht jener Verfall des Westens, der ihnen tagtäglich von der Staatspropaganda eindringlich über die Bildschirme in die Wohnstube transportiert wird. Diese Bilder, die die Menschen Russlands aus dem Westen erreichen – von Arbeitslosigkeit und zügellosem Leben, von Migranten, die die Sicherheit der Frauen gefährden, von kultureller Dekadenz, Weichheit und Glaubensabfall –, vermitteln ihnen das Gefühl, dass es bei ihnen doch sehr viel besser zugeht. Dass Russland der letzte Hort europäischer und christlicher Werte ist. Noch spielt das Fernsehen eine weit größere Rolle als in unserem Land.

Dafür nimmt man dann auch in Kauf, dass die real verfügbaren Einkommen seit Jahren zurückgegangen sind. Irgendwie wird man schon durchkommen, eine zweite oder gar dritte Arbeitsstelle kann dabei helfen, am besten in der Schattenwirtschaft, die Babuschka kann auf der Datscha Gemüse anbauen, und die Kinder arbeiten hart und fleißig, um einen Platz auf der Universität zu ergattern. Und dass die da oben stehlen, war schon immer so. In kaum einem entwickelten Land klafft die Schere zwischen Reich und Arm so weit auseinander wie in Russland.

Vor allem aber garantiert dieser Präsident, dass Russland, dieser große und alte mythische Körper, ein in der Welt respektiertes Land ist. Er zeigt es dem verweichlichten und schwachen Westen, er holt sich einfach die Krim zurück, und keiner kann etwas dagegen tun. Das heilige Russland, mit seiner ewigen Geschichte, seiner grandiosen Kultur und seinem Heldenmut, gedemütigt und erniedrigt von einem triumphierenden Westen, ist zurück auf der Bühne der Welt. Ihr Präsident zwingt die Führer der anderen zu sich nach Moskau, er zeigt ihnen, wie man mit Russland umgehen darf und wie nicht. Und der ganze Stolz des Landes bündelt sich am 9. Mai, dem von Jahr zu Jahr prächtiger gefeierten Tag, an dem man sich zusammenfindet und mit Stolz auf den Sieg der Roten Armee, der Söhne und Töchter Russlands über die Hitleristen zurückschaut. Quasi im Alleingang hat man diesen Krieg gewonnen.

Einstweilen überstrahlt der Glanz vergangener Größe die Sorgen des Alltags und den Mangel an Zukunftsaussichten, so wie das Gold und die Ikonen, der Weihrauch und der wunderbare Gesang in den wiedererstandenen orthodoxen Kirchen ein Gefühl der Heiligkeit und des Russischseins vermitteln, hinter dem oft wenig wirklicher christlicher Glaube steckt.

Die Zustimmung zu Wladimir Putin in Russland war rasch gewachsen, nachdem er die Macht übernommen hatte. Er führte das Land mit festerer Hand als sein Vorgänger Boris Jelzin; anders als jener trank er nicht, und er war ein ganzer Kerl. Nach den vielen schlimmen Erfahrungen der neunziger Jahre, mit Armut und gesellschaftlichem Abstieg, kehrten Stabilität und Ordnung zurück. Es ging wirtschaftlich aufwärts.

Der Kollaps der Sowjetunion hatte dramatische Konsequenzen gehabt. 1993 war die Produktion der Industrie um 31 Prozent, die von Konsumgütern um 25 Prozent und die von Nahrungsmitteln um 27 Prozent gegenüber 1991 zurückgegangen. Betriebe wurden stillgelegt, Löhne und Gehälter konnten nicht mehr ausgezahlt werden, es kam zu Streiks, große Teile der Bevölkerung verarmten, während sich gleichzeitig in den Händen weniger, der »Oligarchen«, in kurzer Zeit gigantische Vermögen anhäuften. 1998 war Russland zahlungsunfähig. Der Internationale Währungsfonds sprang dem bedrängten Land zur Seite.

Doch gleichzeitig begannen die radikalen Reformen zu greifen, die unter Präsident Jelzin in Gang gesetzt worden waren. Bereits 1994 war das Land zur Marktwirtschaft geworden, 1997 entfielen 70 Prozent des Bruttoinlandsprodukts auf den Privatsektor, 1999 betrug das Wachstum wieder 6,4 Prozent. Wladimir Putin habe sich an den gedeckten Tisch gesetzt, hat der schwedische Wirtschaftswissenschaftler Anders Åslund die Ausgangssituation des neuen Präsidenten einmal beschrieben. Dann kam ihm auch noch der weltweite Anstieg der Ölpreise ab 2003 zugute, was Wladimir Putin veranlasste, die anfangs fortgesetzten Reformen Stück für Stück aufzugeben und zu einer Politik großer Staatsunternehmen und der Vetternwirtschaft überzugehen.

Auf die Weltfinanzkrise von 2008, die auch einen dramatischen Verfall der Rohstoffpreise mit sich brachte, folgte eine Phase der Stagnation der russischen Volkswirtschaft. Auch wenn die makroökonomische Stabilität des Landes sehr hoch blieb, dauert diese Stagnation bis heute weitgehend an. »Wladimir Putin sollte in die Geschichte eingehen als einer der Glücklichen, die zufällig zur richtigen Zeit am richtigen Ort waren, aber nur wenig Positives zustande brachten«, zitierte Åslund den Diplomaten Talleyrand mit einem Wort über den Revolutionsgeneral und Politiker Lafayette, um die Geschichte des wirtschaftlichen Erfolgs und Niedergangs der Ära Putin zu beschreiben.

Den Superreichen zeigte Wladimir Putin, wo ihre Grenzen verliefen: Geld verdienen durften sie, solange sie politisch gefügig blieben. Sie waren nicht länger Oligarchen – eine Gruppe von wenigen, die ein Land beherrscht –, sondern Multimilliardäre, die in verschiedener Art und Weise nützlich zu sein hatten und dafür ihre märchenhaften Vermögen mehren durften. Der Krieg von 2022 trieb sie in noch größere Abhängigkeit von ihrem Präsidenten. Für ihre Geschäfte standen internationale Finanzierungen nicht mehr zur Verfügung; sie waren ganz auf die Gunst Wladimir Putins verwiesen.

Der Loyalität der Sicherheitsdienste konnte sich der Präsident gewiss sein, er war einer der ihren. Den Streitkräften, die sich in desolatem und demoralisiertem Zustand befanden und im Krieg gegen das kleine Georgien 2008 hohe Verluste zu verzeichnen hatten, gab er Mittel im Überfluss und spätestens mit den Operationen gegen die Krim auch wieder Selbstbewusstsein. Er führte das Land entschlossen und machtbewusst, ließ den Menschen jedoch ihre kleinen Freiheiten, duldete anfangs eine kritische politische Opposition und Medien, die unabhängig ihre Meinung äußern konnten.

Doch zu weit durfte dies nicht gehen, zu tief saß in ihm der alte sowjetische Reflex, seine Macht unbedingt umfassend absichern zu müssen. Autoritäre Züge traten in den Vordergrund. Dies kulminierte vorerst 2011/2012, als Wladimir Putin sicherstellen wollte, dass die Wahlen zur Duma, dem russischen Parlament, in seinem Sinne ausgehen würden und ebenso die darauffolgende Präsidentschaftswahl. Die massiven Fälschungen, die zu diesem Zweck vorgenommen wurden,

waren so offensichtlich, dass die Menschen, denen er scheinbar einen unabhängigen Weg in Aussicht gestellt hatte, russ-
landweit zu Hunderttausenden auf die Straße gingen. Es waren dies nicht nur die »frechen« Studenten, es waren ganz
normale Bürger, darunter viele Selbstständige.

Alle, die unabhängige wirtschaftliche Projekte verfolgten,
litten darunter, dass wesentliche Grundübel der wirtschaftlichen Verfassung Russlands nicht behoben waren. Die Korruption blühte wie eh und je, die Bürokratie war so überbordend,
undurchsichtig und verantwortungslos wie immer, die Justiz
war weiterhin nicht unabhängig, sondern stand im Dienst der
Exekutive, erfolgreiche Unternehmensinitiativen wurden Opfer teils brutaler Übernahmen von jenen, die der Macht nahe-
standen. Menschen aus dem Machtbereich berichteten mir,
dass der Kreml fürchtete, die Massendemonstrationen nach
den Wahlfälschungen könnten die Sicherheit des Regierungs-
sitzes gefährden. Die Reaktion fiel entsprechend hart aus. Die
Proteste wurden massiv, ja teils brutal niedergeschlagen, es
kam zu Tausenden von Verhaftungen und zu Verurteilungen
mit oft langen Haftstrafen. Doch das System Putin sorgte
dafür, dass die Proteste lokal und unvernetzt blieben.

Spätestens zu diesem Zeitpunkt legte Wladimir Putin innenpolitisch den Hebel um. Zwei wesentliche Schlüsse zog er.
Erstens: Wirtschaftliche Unabhängigkeit zu vieler Menschen
kann für das System gefährlich werden. Wer heute auf eigenen
Füßen steht und unternehmerisch vorankommen will und dabei ständig an den Unzulänglichkeiten einer nicht reformierten
Wirtschaftsverfassung scheitert, wird morgen politische Forderungen stellen. Ergebnis: Der Staatsanteil an Russlands
Wirtschaft stieg wieder, insbesondere bei den Unternehmen in

Schlüsselsektoren; Wettbewerb und Wachstum wurden behindert. Und der zweite Schluss, zu dem er kam, zutiefst geprägt vom Denken einer sowjetischen Geheimdienstwelt: Die Demonstrantinnen und Demonstranten mussten von Kräften aus dem Ausland angeleitet worden sein, die einmal mehr Russland schwächen wollten. »Russland kann nicht besiegt werden, es kann nur von innen ruiniert werden«, hat Wladimir Putin einmal gesagt. Der Ausgang des Ersten Weltkrieges und der Zusammenbruch der Sowjetunion zeugten für ihn hiervon. Und wer war dafür verantwortlich gewesen? »Diejenigen, die anderen, fremden Interessen dienten, die nicht den Interessen des russischen Volkes … verbunden sind.« Und er war sicher: »Extremismus wird in der modernen Welt als ein geopolitisches Mittel benutzt, um die Einflusssphären zu verschieben. … Wir werden alles tun, damit es dazu in Russland nicht kommt.« Also galt es sich zu wappnen. In meiner Zeit in Moskau erlebte ich, was dies praktisch bedeutete. Deutsche Journalistinnen und Journalisten gerieten bei ihrer Arbeit in immer neue Schwierigkeiten. Unseren politischen Stiftungen wurde das Leben schwer gemacht.

Gegen Andersdenkende im eigenen Land ging die »Macht«, wie man in Russland »die da oben« pauschal bezeichnet – auch um Namen und Funktion des Präsidenten nicht nennen zu müssen –, immer härter vor. Wer nicht linientreu war, wurde zum »ausländischen Agenten« oder zur »unerwünschten Organisation« erklärt, mit erheblichen Folgen. Immer stärker gerieten die freien Medien unter Druck. Ihre letzten Reste wurden während des russischen Krieges gegen die Ukraine 2022 eliminiert, als auch soziale Medien wie Facebook und Instagram verboten wurden. Das Anfang April 2022 verfügte, umfassende Verbot für ausländische Stiftungen und Organisationen, in Russland tätig zu sein, war die Konsequenz eines Systems, das alles fürchtete, was für Transparenz und Demokratie stand, für Wahrheit und Menschenrechte. Alle deutschen politischen Stiftungen, sogar das Büro der »Deutschen Forschungsgemeinschaft«, mussten ihre Arbeit in Russland einstellen. Auch internationale Menschenrechtsorganisationen waren von diesem drastischen Schritt betroffen. Rücksichtslos wurde gegen Abtrünnige vorgegangen, auch im Ausland, wie gegen die Ex-KGB-Agenten Litwinenko und Skripal, die 2006 und 2018 Opfer brutaler Vergiftungsanschläge wurden, gegen Gegner wie den tschetschenischen Aufstandsführer Selimchan Changoschwili, der am 23. August 2019 am helllichten Tage im Berliner Tiergarten von einem russischen Agenten ermordet wurde.

Vor allem ging man gegen Oppositionelle vor, die drohten zu viel Erfolg zu haben. Hierfür steht das Schicksal von Alexey Nawalny, der erst mit einem Nervenkampfstoff fast zu Tode gebracht und dann in ein Straflager gesteckt wurde. Seine Recherchevideos, mit denen er überzeugend die schamlose Bereicherung der wenigen an der Spitze offenlegte, wurden zum Teil von mehr als hundert Millionen Menschen in Russland gesehen. Sein bewusster Opfergang hat zutiefst russische Züge, Nawalny gleicht in seinem Handeln einer Figur aus einem Dostojewski'schen Roman.

Zugleich wurde in Russland mehr und mehr die »Vertikale der Macht« durchgesetzt: Alle Herrschaft, alle Entscheidungen gehen streng von oben nach unten, in strikter Befehlskette. Alle haben sich dem Präsidentenwillen unterzuordnen – ganz gleich ob Regierung, Parlament, Justiz, die Staatspartei

»Einiges Russland« oder die Medien. Die Verfassung des Landes von 1993, die eine horizontale Gewaltenteilung vorgesehen hatte, wie sie auch in westlichen Ländern existiert, wurde ausgehöhlt und de facto außer Kraft gesetzt.

Ein weiterer Baustein der Autokratisierung war die Verfassungsreform von 2020, die Wladimir Putin die Möglichkeit eröffnete, bis 2036 an der Macht zu bleiben, und die den Handlungsspielraum von Oppositionellen weiter einschränkte. Laut Wahlkommission stimmten 78 Prozent der Russen und Russinnen der Änderung in einem Referendum zu. Das erklärt sich auch aus dem Zustand der russischen Zivilgesellschaft, aus der Situation von Nichtregierungsorganisationen (NGOs), die zwischen Staat und Gesellschaft agieren, um für das Gemeinwohl zu wirken: In Russland ist der Staat im Laufe der letzten Jahre immer weiter in die Privatsphäre der Menschen eingedrungen und hat ihnen wichtige demokratische Grundrechte entzogen: Dazu zählt neben der Meinungs- und Versammlungsfreiheit nicht zuletzt der freie Zugang zu Informationen. Wo die politische Führung nicht nur Rechte einschränkt, sondern, wie im Russland von 2022, auch ein Bekenntnis zu sich verlangt, ist der Weg von der Autokratie zur Diktatur vorgezeichnet.

Bereits 2012, am Ende des vierjährigen Interregnums von Präsident Medwedew, der immerhin einige Hoffnungen geweckt hatte, dass sich im Verhältnis des Staates zu seinen Bürgern manches entspannen würde, war das »Gesetz über ausländische Agenten« erlassen worden. NGOs, die sich »politisch betätigen« und finanzielle Verbindungen mit dem Ausland unterhalten, müssen sich seither als »ausländischer Agent« registrieren lassen – ein seit Sowjetzeiten klar besetzter Begriff.

Seit Dezember 2020 kann auch jede Privatperson, die geschäftliche oder finanzielle Verbindungen mit dem Ausland unterhält, als »ausländischer Agent« eingestuft werden – es genügt zum Beispiel, dass man als Journalist ein Honorar aus dem Ausland erhält.

Eine starke, freie und unabhängige Zivilgesellschaft sei immer national orientiert, sagte Wladimir Putin auf einer Diskussionsveranstaltung 2020. Sie stehe in der Tradition des eigenen Landes und sei niemals »das Produkt eines ›transnationalen Geistes‹, hinter dem die Interessen anderer Leute stehen ... Wir wissen, wie solche importierten Demokratiemodelle funktionieren«. Restriktionen und Repressionen haben dazu geführt, dass in den vergangenen Jahren zahlreiche Vertreter der unabhängigen Zivilgesellschaft Russland verlassen haben oder in die innere Emigration gegangen sind. Dennoch ist die Zahl der vom Justizministerium zu »ausländischen Agenten« erklärten Vereinigungen und Einzelpersonen seit Anfang 2021 sprunghaft gestiegen. Diejenigen, die dem staatlichen Druck einstweilen noch standhielten und auf ihrem Recht zur politischen Teilhabe bestanden, sind im Russland von heute zum Schweigen verurteilt, sofern sie das Land nicht inzwischen verlassen haben.

Auch die Entwicklung der Corona-Pandemie illustrierte das Verhältnis von Staat und Bürgern in Russland. Die Tatsache, dass es rasch gelang, einen eigenen Impfstoff zu produzieren, zeigte zwar, dass es auch in Russland Innovation und wissenschaftlichen Fortschritt geben kann, so sehr das Land in vielen Bereichen im internationalen Vergleich sonst auch zurückfällt. Doch zugleich offenbarten sich die Mängel eines über Jahre sträflich vernachlässigten Gesundheitswesens. Die

Situation entwickelte sich zeitweise dramatisch, auch dadurch bedingt, dass eine weit größere Zahl von Menschen als bei uns nicht bereit war, sich impfen zu lassen. Auch dies hätte der Führung ein Signal sein können: Der Bürger fürchtet »die da oben«, doch zugleich misstraut er ihnen und ihren Ratschlägen und Anweisungen zutiefst. Erst als die Regierung zu drastischen Maßnahmen griff, als sie mit Entlassungen bei Nicht-Impfung und anderen Sanktionen drohte, stieg die Impfquote. Dass die russische Propaganda im Ausland, auch in Deutschland, zugleich alles tat, Impfgegnern und Corona-Leugnern eine Plattform zu verschaffen, steht auf einem anderen Blatt.

Furcht zu verbreiten, ist ein starkes Mittel der Herrschaft – und ein schwaches, wenn die Herrschenden zu wanken beginnen. Furcht wurde immer mehr verbreitet im Russland der vergangenen Jahre, jeder konnte die Zeichen sehen. Zur Angst und zur Propaganda gesellt sich die Bestechung als Instrument der Herrschaft. Beziehungsweise die Bereitschaft, jederzeit auf ein Problem Geld zu werfen, von dem man merkt, dass es real ist und der Abhilfe bedarf. Wenn die Müllkippe neben der Wohnsiedlung giftige Dämpfe absondert und die spielenden Kinder erkranken, gehen die Mütter auf die Straße. Dann wird es gefährlich, das weiß die Macht. Also wird die Müllkippe so schnell es geht verlagert, meistens zugunsten der großen Städte wie insbesondere Moskaus und zulasten des Landes. Es werden Schadenszahlungen geleistet – und »die üblichen Verdächtigen verhaftet«, wie es am Ende des Films »Casablanca« so treffend heißt. Dann wird der Chef der Müllkippe oder der Bürgermeister oder der Gouverneur abgesetzt und vielleicht auch hinter Gitter gebracht, und mit Empörung wird berichtet, wie schlimm bislang Korruption und Schlendrian geherrscht haben. Nur kein großer Aufstand, vor allem: keine Vernetzung von Unmutigen über das Land hinweg. Das hatte Alexey Nawalny so gefährlich gemacht, der aus seiner Zeit als Präsidentschaftskandidat als einziger Oppositionspolitiker überhaupt über ein funktionierendes landesweites Netz verfügte.

Angst und Bestechung sind die Herrschaftsinstrumente auch an der Spitze des Staates. Die Propaganda mag dort weniger wirksam sein, doch um die Wirklichkeit zu verdrängen, reichen Zynismus oder eben wieder die Furcht. Die entscheidenden Instrumente, um Widerspruch innerhalb des Machtzirkels klein zu halten, sind neben der Angst Käuflichkeit und Erpressung. Praktisch jeder in der Geld- und Politikkaste zieht aus seiner Position erhebliche materielle Vorteile, und über jeden dürfte es ein Dossier geben. Hält Putin es für nötig, statuiert er ein Exempel. Doch an den Strukturen ändert sich nichts.

Zu meiner Zeit in Moskau gehörten auch Menschen zu Wladimir Putins Gesprächspartnern, die abweichende Auffassungen vertraten, tiefgreifende ökonomische Reformen anmahnten und ihm auch sonst, bei aller gebotenen Vorsicht und Loyalität, Kritisches vortrugen – vor allem führende Vertreter der Wirtschafts- und Finanzwelt, aber auch Journalisten, die es aufgrund ihres Ansehens schafften, sich ihren Freiraum zu erhalten. Für mich waren die Gespräche mit solchen Menschen stets besonders lohnend. Aus Moskau hörte ich zuletzt, dass immer weniger von ihnen noch zu Wladimir Putin vordrangen. Und die Übrigen dürften ihm, der Natur der Herrschaft gemäß, immer mehr das vorgetragen haben, von dem sie glaubten, dass er es hören wolle und nicht das, was er hätte hören sollen. Das Ergebnis war absehbar: Die Wirklichkeit nahm der Präsident nur noch so wahr, wie sie ihm gezeichnet wurde und wie sie sich in seine Vorstellungswelt fügte. Das Resultat: ein falsches Bild der Wirklichkeit der Ukraine, ein falsches Bild der tatsächlichen Leistungsfähigkeit seiner Streitkräfte – wie auch der Stärke der ukrainischen.

Es ist bezeichnend, dass Putin den eigenen Geheimdiensten offensichtlich den Vorwurf gemacht hat, ihm ein unzutreffendes Bild gezeichnet und die Abwehrbereitschaft der Ukraine ebenso unterschätzt zu haben wie die Abneigung der Ukrainerinnen und Ukrainer, von Mütterchen Russland wieder in die Arme geschlossen zu werden. Eine falsche Lagebeurteilung ließ den geplanten Blitz-Befreiungskrieg gegen das Nachbarland scheitern und führte zu einem zähen, mit grausamen Mitteln geführten Verschleißkrieg.

NEO-IMPERIALISMUS

Über die Jahre hat der russische Präsident sich mehr und mehr mit der Geschichte beschäftigt, mit Russlands vergangener Größe, die er selektiv betrachtet. Eine Reihe von Aufsätzen und lange Auslassungen mit teils kruder Argumentation legten hiervon Zeugnis ab. In der Reihe bedeutender Herrscher, an denen sich die Größe des »ewigen Russland« festmachen lässt, wurde Alexander III., der das Russische Reich von 1881 bis 1894 regierte, neben Peter dem Großen das wohl wichtigste Vorbild für Wladimir Putin. Ihm wird der Satz zugeschrieben, Russland habe nur zwei Verbündete: die Armee und die Flotte. Russlands Präsident dürfte das ähnlich sehen.

Auf Alexander III. geht auch die Gründung der ersten russischen Geheimpolizei zurück, der Ochrana. Als Wladimir Putin 2017 auf der Krim ein Denkmal für jenen Zaren enthüllte, nannte er ihn einen herausragenden Staatsmann und Patrioten, einen Mann mit starkem Charakter, Mut und unbeugsamem Willen. »Er fühlte immer eine enorme persönliche Verantwortung für das Schicksal seines Landes ... Er tat alles, um die Nation voranzubringen und zu stärken und sie vor Turbulenzen, inneren und äußeren Bedrohungen zu schützen.« Was Putin hier zeichnete, sah fast aus wie ein Selbstporträt. Ein Friedensstifter sei Alexander gewesen – »aber nicht indem er Zugeständnisse machte, sondern durch eine faire und unerschütterliche Entschlossenheit. Alexander III. trat direkt und offen für die Interessen des Landes ein, und diese Politik stellte sicher, dass Einfluss und Autorität Russlands in der Welt wuchsen.« Seine Regierungszeit sei mit Recht »das Zeitalter der nationalen Wiedergeburt« genannt worden.

Radikal trieb Alexander III. die Russifizierung seines Landes voran. Hatte Russland zuvor von der kulturellen Vielfalt seiner Völkerschaften profitiert, so wurden jetzt die russische Sprache und Kultur sowie die russisch-orthodoxe Religion mit großer Härte sowohl im Westen, in Polen, Finnland und den deutsch geprägten Ostseeprovinzen als auch in den südlichen Regionen des Russischen Reichs durchgesetzt. In der russischen Verfassung von 2020 ist der Primat des Russischen erneut verankert worden. Und ähnlich wie seinerzeit der Zar versucht Wladimir Putin heute, russisch-nationalistische Bestrebungen zur Konsolidierung seiner Macht und Russlands zu nutzen.

Putins Großmachtvisionen sind zudem – in der Geschichte noch deutlich weiter zurückgehend – stark angetrieben von altrussischen Vorstellungen, die sich um die Kiewer Rus drehen, den alten Kern, aus dem heraus sowohl der heutige Westen Russlands als auch der Osten der Ukraine und Weißrussland entstanden sind. Die alte Rus war ein im 11. Jahrhundert entstandenes Gebiet territorialer Herrschaften ohne feste Grenzen, zwischen dem östlichen Polen und dem heutigen Finnland. Sie steht zugleich für die Christianisierung des Landes. Die ins Mythische erhobene Taufe Großfürst Wladimirs im Jahr 988 – in Kiew – ist für Wladimir Putin der archimedische Punkt, auf den seine imperialen Träume zulaufen: Damals waren doch auch alle zusammen – Russen, Weißrussen und Ukrainer!

Unterstützt wird er vom Oberhaupt der russischen-orthodoxen Kirche, Kyrill, »Patriarch von Moskau und der ganzen Rus«, wie sein offizieller Titel lautet. Am 23. Februar, einen Tag vor der Invasion, hatte Kyrill in einem Gratulationsschreiben an Putin zum »Tag des Verteidigers des Vaterlandes« den Beitrag seiner Kirche zur patriotischen Erziehung hervorgehoben und den Militärdienst »eine aktive Manifestation der christlichen Nächstenliebe« genannt. Im Krieg gegen die Ukraine ist der Patriarch Putins natürlicher Verbündeter, wenn auch eher Instrument als echter Machtfaktor. 2018 sagte sich die orthodoxe Kirche in der Ukraine von Moskau los, und Kyrill hofft, dieses Schisma lasse sich mit der russischen Eroberung Kiews rückgängig machen, Kirchenvereinigung und Vormachtanspruch könnten durch Krieg erreicht werden. Wladimir Putin hat über die Jahre verstärkt die Nähe zur Kirche gesucht und sich immer wieder orthodoxer Rhetorik bedient.

In der Predigt des Patriarchen am ersten Sonntag nach Beginn des Krieges waren politische und religiöse Motive kaum noch zu unterscheiden. Kyrill sprach von »dunklen und feindlichen äußeren Kräften«, die schon »immer gegen die Einheit der Rus und der russischen Kirche gekämpft« hätten. Der Krieg gegen die Ukraine sei ein »metaphysischer Kampf« des Guten gegen das Böse aus dem Westen, fügte der Patriarch bei anderer Gelegenheit hinzu. Geistliche Rhetorik und Kriegspropaganda verschwammen in eins, russische Orthodoxie und »Russkij Mir« – die Idee einer von Moskau beherrschten »Russischen Welt« – waren nicht mehr zu trennen. Dies blieb nicht ohne Widerspruch. Metropolit Sawa, Oberhaupt der polnisch-orthodoxen Kirche, appellierte öffentlich an Kyrill, seine »Stimme zu erheben, damit der von der russischen Armee geführte Krieg in der Ukraine abgebrochen wird«. Es dürfe nicht sein, »dass zwei slawisch-orthodoxe Nationen, die demselben Taufbecken des heiligen Fürsten Wladimir entstammen, einen Bruderkrieg führen«.

Wer in den Kategorien von Geltung und Großmacht denkt, der leidet, wenn er nicht beachtet oder gar respektlos behandelt wird. Viele Russen haben sich schon deshalb Putins Narrativ zu eigen gemacht, weil sie sich und ihr Land vom Westen nicht angemessen berücksichtigt, sich selbst aber zugleich überlegen sehen angesichts der Dekadenz, des Verfalls und des Hedonismus des alten Europas und Nordamerikas. Und viele sind von Putins Erzählungen begeistert. Man wird an vermeintliche alte Größe erinnert und kann sich so über den realen Machtverlust und die Sorgen des Alltags hinwegtrösten. Viktor Jerofejew, einer der angesehensten und bekanntesten Schriftsteller Russlands, hielt in einem Reisetagebuch, das die »Frankfurter Allgemeine Zeitung« am 2. Mai 2022 veröffentlichte, mit Blick auf sein eigenes Volk fest: »Ein Minderwertigkeitskomplex und ein Komplex der Überlegenheit über alle anderen Völker produzieren einen Casus Belli, das Präludium für einen bestialischen Krieg ohne Regeln.« Es war das Tagebuch einer Reise ins Exil. Wie so viele bedeutende Intellektuelle seines Landes war auch Viktor Jerofejew von der brutalen Wucht des Krieges, die jeder und jedem ein Bekenntnis abverlangt, ins Exil getrieben worden.

Wladimir Putins patriotisch-autoritäres Gebaren stieß in der Vergangenheit auch bei uns auf mancherlei Zuspruch. Es gehört zu den wenigen unmittelbar positiven Folgen des Ukrainekrieges, dass diejenigen, die ein Modell à la Putin zur Nachahmung empfehlen wollten, in den europäischen Demokratien, zumindest vorerst, verstummt sind.

Wie groß Russland einmal war, das hat Wladimir Putin exakt vorgerechnet: Im März 2018 listete er in einer Rede an die Nation in exakten Zahlen auf, was alles den Russen abhandengekommen ist: »Nach dem Zusammenbruch der Sowjetunion verlor Russland, das zu Sowjetzeiten als Sowjetunion bezeichnet wurde – sie nannten es im Ausland Sowjetrussland –, in Bezug auf unsere Landesgrenzen 23,8 Prozent des Territoriums, 48,5 Prozent der Bevölkerung und 41 Prozent des Bruttosozialprodukts, 39,4 Prozent des industriellen Potenzials (also fast die Hälfte), 44,6 Prozent des militärischen Potenzials im Zusammenhang mit der Aufteilung der Streitkräfte der UdSSR zwischen den ehemaligen Sowjetrepubliken.« Bezeichnend: Die Sowjetunion scheint nur aus Russland bestanden zu haben, beide werden fugenlos in eins gesetzt.

Lieber als über ökonomische oder soziale Kennziffern

spricht Wladimir Putin aber von der tausendjährigen Geschichte der alten Rus, vom »dritten Rom« der Orthodoxie, und von Russland als Schutzmacht der slawischen Völker. Für Lew Gudkow, den Direktor des einzigen verbliebenen unabhängigen Meinungsforschungsinstituts im Lande – das bereits seit 2016 ein »ausländischer Agent« ist –, sind die Folgen dieser nationalistisch-imperialen Propaganda fatal: »Die Menschen glauben heute nicht mehr an die Zukunft, sondern an die Vergangenheit.« Die Eingliederung der Krim 2014 habe für die Mehrheit der Russen vor allem eine hohe symbolische Bedeutung gehabt, in Umfragen werde sie direkt hinter dem Sieg im »Großen Vaterländischen Krieg«, wie der Zweite Weltkrieg in Russland genannt wird, auf Platz zwei der wichtigsten Ereignisse der jüngeren Geschichte genannt. Zwar sei die ganze Aktion mit diffusen Ängsten verbunden gewesen, dass es zu weiteren Konfrontationen kommen könnte. Würde Putin jedoch auf eine Verschärfung des Konflikts um den Donbas setzen, würde die Unterstützung für ihn schnell wieder steigen, sagte Gudkow in einem Interview im März 2017, fünf Jahre vor dem Krieg von 2022.

Die größte geopolitische Katastrophe des 20. Jahrhunderts

Russland und wir würden uns leichter tun, den anderen zu verstehen, würden wir uns eines deutlicher machen: Der Westen und Russland sehen und beurteilen das, was seit dem Ende des Kalten Krieges in Europa geschehen ist, vollkommen unterschiedlich. Für uns vollzog sich in jenen Jahren eine

Wende der Geschichte hin zum kaum für möglich gehaltenen Guten. Staaten, die unter sowjetischem Joch gestanden hatten, Völker, die gegen ihren Willen Teil der Sowjetunion gewesen waren, machten sich auf ihren eigenen, selbstbestimmten Weg. Als junger Diplomat im sozialistischen Polen habe ich zwischen 1986 und 1989 im Austausch mit der damals illegalen Opposition – jenen, die sich nicht abfinden wollten mit Zwangsherrschaft, Wirtschaftsmisere und Perspektivlosigkeit – erfahren, wie ihr Freiheitswunsch eine einzige Richtung hatte: hin zur parlamentarischen Demokratie, zu marktwirtschaftlicher Ordnung und der Chance auf freie Entfaltung. Und dazu gehörte natürlich die Hoffnung, in einem Bündnis freier Nationen Schutz zu finden vor erneuter sowjetischer Okkupation und Repression, um nicht noch einmal Opfer des imperialen Russlands zu werden. Die Europäische Union und die NATO weiteten sich aus der Sicht der Polen und der Balten, der Tschechen, Slowaken, Ungarn, Rumänen, Bulgaren und nun der Schweden und Finnen nicht nach Osten aus – vielmehr strebten diese nach Westen.

Aus der Sicht der Menschen und der politischen Führung der Sowjetunion und später Russlands stellte sich diese Entwicklung sehr anders dar. Dass mit dem Ende der Sowjetunion 1991 die kommunistische Herrschaft verschwand, wird im Russland von heute nur noch von wenigen beklagt. Doch mit dem Zerfall der Sowjetunion und ihrer Herrschaft zerbrach eben zugleich das alte Russische Reich und damit das letzte große Kolonialreich auf Erden. Anders als das spanische, britische oder französische hatte es seine Eroberungen nicht in Übersee gemacht, sondern in der Ausdehnung über das alte russische Kernland hinaus. Die meisten der Erwerbungen, die in teils langen, blutigen Konflikten dem Reich zugeschlagen wurden, waren historisch jüngeren Datums: Zu Beginn des 19. Jahrhunderts kamen die Länder des südlichen Kaukasus hinzu. 1858 gelang es Russland, dem damals schwachen chinesischen Reich weite Gebiete jenseits von Sibirien abzuringen. Am äußersten Punkt, östlich von China und nicht weit von der koreanischen Grenze entfernt, errichtete der Zar eine Hafenstadt, die einen programmatischen Namen erhielt: »Beherrsche den Osten« – Wladiwostok. Die weiten Gebiete Zentralasiens blieben bis zum Ende des Zarenreichs teils halbautonom, erst die Sowjetunion ordnete sie ganz dem imperialen russischen Herrschaftswillen unter. Wladimir Lenin hat Russland vor Beginn des Ersten Weltkriegs als die nach Großbritannien bedeutendste Kolonialmacht bezeichnet.

Die Ausdehnung Russlands zu seiner letztlichen Größe hat spät begonnen. Anfang des 13. Jahrhunderts war es für dreihundert Jahre unter die Fremdherrschaft der Mongolen gekommen, eine Epoche, die das russische Selbstbewusstsein und Selbstverständnis bis heute prägt. Seit dem Niedergang der mongolischen Macht rangen regionale Fürsten auf dem Gebiet des heutigen Russlands um die Vorherrschaft. Die »Zeit der Wirren«, die »Smuta«, mit Fehden und Hungersnöten zu Anfang des 17. Jahrhunderts, ist eine im russischen historischen Gedächtnis bis heute sehr lebendige dunkle Zeit. Ein einziges Mal gelang es einer fremden Macht, Polen, Moskau zu erobern, als die Stadt gerade das Zentrum des Landes geworden war. Erst mit der Herrschaft der Romanows seit 1613 begann die Zeit einer einheitlichen, starken russischen Zentralmacht. Die großen geistesgeschichtlichen Ereignisse Europas erreichten Russland nie oder kaum: weder Renais-

sance noch Reformation, weder Aufklärung noch die Heraus-
bildung einer Bürgergesellschaft. Russland sei »zwar ein Land
mit einer europäischen Kultur«, hat der russische Politologe
Sergej Karaganow einmal gesagt, »aber sozial und politisch
Erbe des Reiches von Dschingis Khan«. Und der Philosoph
Wladimir Kantor hat angemerkt, dass Russland aus jener Zeit
die Willkür der Macht geblieben sei, das mangelnde Verständnis für Privateigentum und das Fehlen der selbsttätigen auto-
nomen Persönlichkeit.

Mächtige Herrscher und Herrscherinnen wie Peter der
Große und Katharina die Große, die deutsche Prinzessin auf
dem Zarenthron, hatten seit dem 18. Jahrhundert erreicht,
dass Russland eine Großmacht wurde, die bis zum Ende der
Zarenherrschaft 1917 einen entscheidenden Faktor im europäischen Mächtekonzert darstellte. Den 350. Geburtstag Peters des Großen am 9. Juni nutzte Wladimir Putin dann auch,
sich in dessen Tradition zu stellen und seine Kriegführung zu
rechtfertigen: »Offenbar ist es auch unser Los: Zurückzuholen
und zu stärken«, sagte er und verwies dabei, in der typischen
Manier, Angst zu erzeugen, auch auf Peters Eroberung der
heute zu Estland gehörende Stadt Narva.

Mit neuer Ideologie, noch weiter greifendem Großmacht-
willen und entschlossener Gewaltbereitschaft setzte die Sowjetunion die russische Politik fort. Und all dies zerfiel mit dem
Ende der UdSSR. Russland wurde verkleinert und schwach,
geriet in den neunziger Jahren in heftige gesellschaftliche,
wirtschaftliche und finanzielle Turbulenzen – was in Russland
bis heute dem Zerfall des Russischen Reichs zugeschrieben
wird. Schuld an diesem hatte, natürlich, der Westen, allen
voran die USA. Übersehen wird, dass die Sowjetunion an

ihren eigenen, inneren Widersprüchen zerbrach, an der Untauglichkeit ihres Wirtschaftssystems, das für den Kollaps der neunziger Jahre verantwortlich war.

All das gilt es zu bedenken, wenn man verstehen will, wo Russland heute steht und warum sein Präsident schon 2005 in seiner »Rede zur Lage der Nation« den Zerfall der Sowjetunion als die größte geopolitische Katastrophe des 20. Jahrhunderts bezeichnete. Alles, was damit verbunden ist, ist ein großes, unbewältigtes Trauma, für das wie immer andere die Verantwortung tragen: Estland, Lettland und Litauen wurden unabhängig, die Nachfolgestaaten Belarus, Ukraine und Moldau gingen ihrer Wege wie auch im Kaukasus Georgien, Armenien und Aserbaidschan, in Zentralasien entstanden Kasachstan, Kirgistan, Tadschikistan, Turkmenistan und Usbekistan. In 35 Jahren im Auswärtigen Dienst bin ich nie so oft wie in Moskau angehalten worden, Phänomene der Gegenwart unter psychologischen Aspekten zu betrachten. »Russland leidet unter Phantomschmerzen«, hat Henry Kissinger dazu treffend bemerkt.

Dabei gerät völlig aus dem Blick, dass andere Völker und Nationen ebenfalls furchtbar traumatisiert worden sind. In Russland geht es immer nur um die eigene Befindlichkeit, nicht die der Menschen des Baltikums oder der anderen Völker in Ostmitteleuropa, die unter sowjetischer Okkupation oder Fremdbestimmung ein teils furchtbares Schicksal erlitten haben. Immer wieder bin ich als Botschafter in Moskau aufgefordert worden, Deutschland solle doch die »russophoben« Balten oder Polen zur Vernunft bringen. Solchem Denken fehlt jedes Verständnis für die Urängste der Menschen in Ostmitteleuropa, die durch das russische Ausgreifen 2014 wieder geweckt worden waren und 2022 bestärkt worden sind. Mit der Fixierung auf das eigene Leid und den Verlust ging und geht die Erwartung einher, dass es die Sache der anderen sei, russischen Befindlichkeiten und Ansprüchen Rechnung zu tragen und Umstände zu schaffen, die Russland genehm sind.

Aus russischer Sicht hat sich die Geschichte der vergangenen drei Jahrzehnte zum eigenen Nachteil, gegen Russland entwickelt. Die alten Reichsteile strebten nicht nur davon, sie schlossen sich auch westlichen Bündnissystemen an, man fühlte sich umstellt und bedrängt. Dabei war alles, was Estland oder Rumänien in der NATO suchten, Schutz – wie hätten sie auf die Idee kommen können, das Bündnis zur Aggression gegen Russland zu bewegen? Die Folgen, die das gehabt hätte, waren jedem klar.

Der »Große Vaterländische Krieg«

Die wichtigste Frage der russischen Sprache, so sagt man, lautet: »Kto winowat?« – »Wer trägt die Schuld?«. Falsche Antworten hierauf hat das System stets unter Strafe gestellt, und dies hat dazu geführt, dass man die Schuld auf keinen Fall im System selbst sucht. Bemühungen mutiger Bürgerrechtlerinnen und Bürgerrechtler seit den achtziger Jahren, die eigene Vergangenheit nüchtern und unvoreingenommen aufzuarbeiten, mündeten in der Gründung der Gesellschaft »Memorial«. Doch die Aufarbeitung der Geschichte, gerade die des mythisch aufgeladenen Großen Vaterländischen Kriegs, wurde immer mehr zur Seite geschoben. Schließlich wurde die Geschichte ganz neu erzählt, um gegenwärtiges Handeln zu rechtfertigen. Es ist bezeichnend, dass »Memorial«, noch zu Sowjetzeiten gegründet, 2021 verboten wurde.

Die Stalin-Zeit mit ihren schrecklichen Repressionen und Massenmorden war für die meisten Russen wie ein Tsunami, hat ein Historiker mir einmal gesagt. »Er raste von irgendwo her in das Land hinein, durchquerte es auf einer Bahn schrecklichster Vernichtung und fuhr wieder hinaus. Alle sind Opfer – und niemand ist es gewesen.« Kto winowat? In den vergangenen Jahren wurde von der russischen Führung ein anderer Stalin in den Vordergrund gerückt: der Sieger über den »Hitlerfaschismus«. Zwanzig und mehr Millionen Tote hatte die Sowjetunion im Ergebnis des schrecklichen Krieges zu beklagen, mit dem es von Deutschland seit 1941 grausam überzogen wurde. Die Erinnerung daran, diesen furchtbaren Ansturm überstanden und den Feind niedergerungen zu haben, wurde zur einigenden Erzählung des Landes, sie verbindet alle und erfüllt jeden mit Stolz. Auch Wladimir Putin richtete den Blick zunehmend auf vergangene Größe – in Ermangelung einer attraktiven Zukunftsperspektive für sein Land.

Die Rolle, die die Sowjetunion beim Ausbruch des Zweiten Weltkriegs spielte, wird in dieser Sichtweise vollkommen ausgeblendet. Der Hitler-Stalin-Pakt, der Hitler den Rücken gegenüber den Westmächten freihielt und dazu führte, dass die Rote Armee drei Wochen nach dem deutschen Angriff auf Polen ihrerseits in den Ostteil des Landes sowie in die baltischen Staaten und den Osten Rumäniens einmarschierte, wird ebenso wenig thematisiert wie der Krieg gegen Finnland im Winter 1939/40. Auch die brutale Besatzungsherrschaft in Polen und dem Baltikum mit massenhaften Verschleppungen und Ermordungen findet in der russischen Historiografie nicht statt. Die historische Aufgabe einer Versöhnung mit den Nachbarn in Ostmitteleuropa, der man sich in den vergangenen 25 Jahren hätte widmen können und müssen, ist fast völlig unterblieben. Die Unfähigkeit zur Versöhnung trägt zur heutigen Konfliktlage bei.

In einem Aufsatz zum 75. Jahrestag des Kriegsendes hat Wladimir Putin zusammengefasst, wie er den Beitrag der Sowjetunion zum Sieg über das Deutschland Hitlers sieht. Die Sowjetunion treffe keinerlei Mitschuld am Ausbruch des Krieges, im Gegenteil, sie habe im August 1939 »faktisch als letztes der europäischen Länder« einen Nichtangriffspakt mit Hitler geschlossen – gemeint war der Hitler-Stalin-Pakt. Eigentlicher Auslöser des Krieges sei das Münchner Abkommen gewesen, mit dem 1938 Großbritannien und Frankreich dem drohenden Drängen Adolf Hitlers nachgaben, Teile der Tschechoslowakei Deutschland zuzuschlagen.

Bei dem Münchner »Komplott« seien die Polen als »Komplizen bei der Teilung der Tschechoslowakei« aufgetreten, deshalb liege die Verantwortung für »die darauffolgende Tragödie Polens ... voll und ganz auf dem Gewissen der damaligen polnischen Führung«. Richtig ist: Ja, auch Polen wurde, mit einer kleinen Gebietsvergrößerung, Nutznießer des Abkommens – dass Wladimir Putin das Land bei solcher Gelegenheit jedoch stets bezichtigt, selbst schuld gewesen zu sein an seinem schrecklichen Schicksal, ist zweifellos Ausweis besonders schlechten Gewissens gegenüber jenem Land, das unter dem Pakt der beiden Diktatoren so sehr gelitten hat.

Einen eigenen Passus seines Aufsatzes widmete Putin der

zwischen Stalin und Hitler verabredeten Aufteilung des Baltikums unter sich, gefolgt von der Annexion aller drei baltischen Staaten durch die Sowjetunion: »Ihre militärisch-strategischen und defensiven Aufgaben lösend, begann die Sowjetunion im Herbst 1939 mit der Inkorporation Lettlands, Litauens und Estlands. Ihr Beitritt zur UdSSR erfolgte auf vertraglicher Basis, mit Zustimmung der gewählten Behörden.« So ähnlich also, möchte man hinzufügen, wie Wladimir Putin selbst 2014 die »Rückkehr« der Krim betrieben hatte. Putins Schlussfolgerung aus den Lehren des Zweiten Weltkrieges: »Selbstlosigkeit, Patriotismus, Liebe zur Heimat, zur Familie, zum Vaterland: Diese Werte sind auch heute für die russische Gesellschaft fundamental. Grundsätzlich darauf beruht unsere Souveränität.«

DIE GEFÜHLTE BEDROHUNG DURCH DIE NATO

Nach dem Zerfall der Sowjetunion unternahm der Westen immer wieder Schritte, um Russlands Interessen, seiner Größe und Besonderheit Rechnung zu tragen. Deutschland hatte Russlands Sicht und Befindlichkeit seit den neunziger Jahren dabei besonders im Blick – was uns von westlichen Partnern häufig den Vorwurf zu großer Nähe zu Russland eintrug; bisweilen war von einer übergroßen, wenn nicht naiven »Russlandfreundlichkeit« die Rede.

1997 wurde, um die erste Erweiterungsrunde der NATO abzufedern und mit Russland klare Verabredungen über militärische Präsenz an den jeweiligen Außengrenzen zu treffen, die NATO-Russland-Grundakte geschlossen. Ulrich Brandenburg, später Botschafter in Moskau, war an den Verhandlungen und am Abschluss beteiligt. Er berichtete mir, dass der russischen Seite seinerzeit weniger die bevorstehende Erweiterung der NATO als die militärischen Aspekte des Abkommens wichtig waren: keine Stationierung von Nuklearstreitkräften in den neuen Mitgliedstaaten und keine Stationierung wesentlicher Streitkräfte entlang der jeweiligen Grenzen »unter den gegenwärtigen und vorhersehbaren Umständen«. Beide Seiten bekannten sich damals zum Verzicht auf die Androhung oder Ausübung von Gewalt.

1998 erreichte Deutschland, auch hier wieder gegen manche Skepsis der Partner, dass der Zusammenschluss großer Industrienationen in den G 7 um Russland zur G 8 erweitert wurde. Das Format hielt und bewährte sich. Als einer der deutschen Unterhändler zwischen 2007 und 2010 erlebte ich, wie Russland dort politisch agierte. Mein russischer Kollege hatte praktisch nie Weisung, die Chancen dieser Gruppierung zu nutzen, durch Initiativen internationale Probleme aufzugreifen und konkrete Lösungen auf den Weg zu bringen, sei es bei der Bekämpfung der Malaria oder in der Klimapolitik. Passte der russischen Politik eine Initiative der Partner jedoch nicht, lief der Kollege zu großer Form auf, um diese zu torpedieren. 2008 kam es unter den übrigen Teilnehmerstaaten zu einer heftigen Kontroverse, ob Russland im Ergebnis des Georgien-Krieges nicht aus den G 8 ausgeschlossen werden sollte. Ich entsinne mich einer langen, schwierigen Telefonkonferenz mit den anderen Partnern, um dies zu verhindern. Erst mit dem Überfall auf die Ukraine 2014 war das Format der G 8 am Ende, Russland wurde ausgeschlossen. Rückblickend hätte man Russland natürlich schon 2008 aus den G 8 ausschließen können. Das wäre zwar eine bloße Strafmaßnahme gewesen, aber ein klares Zeichen – für die Bereitschaft, künftiger russischer Aggression entschlossener entgegenzutreten. Doch mit welchen anderen Mitteln als Diplomatie und Sanktionen?

Die Europäische Union ging ebenfalls auf Russland zu. Unterzeichnet wurde bereits 1994 ein Partnerschafts- und Kooperationsabkommen, und 2005 wurde eine Strategie der »vier Räume der Zusammenarbeit« vereinbart, um gemeinsam Zukunftsthemen in den Blick zu nehmen und Russland dabei zu unterstützen, eine moderne wirtschaftliche und politische Ordnung aufzubauen. 2010 wurde eine Modernisierungspartnerschaft abgeschlossen, die Russland helfen sollte, sein einseitig auf den Export fossiler Energieträger ausgerichtetes Wirtschaftsmodell zukunftsfähig zu machen. All dies entsprach klar formulierten russischen Wünschen. Nichts wurde dem Land aufgezwungen.

Auch bilateral gab es immer neue Projekte, Programme und Initiativen. Städtepartnerschaften entstanden und Hochschulkooperationen – ihre Zahl nahm sogar nach der Annexion der Krim noch zu. Der kulturelle Austausch wurde ebenso intensiviert; es kam zu vielen neuen Jugendbegegnungen, zeitweise investierten mehr als 6000 deutsche Unternehmen in Russland. Private Initiativen führten dazu, dass mit viel Engagement und Fantasie Brücken geschlagen wurden. Als eine Art Dach für diesen Austausch wurde 2001 der »Petersburger Dialog« gegründet, der regelmäßig tagte.

Woher kamen dann die ständigen russischen Klagen, nicht berücksichtigt, nicht beteiligt, ja herabgesetzt zu werden?

Die russischen Vorwürfe zielten meist auf ein und denselben Punkt: Die NATO sei gezielt an die russische Grenze herangerückt, habe Russland zunehmend umstellt und bedrohe das Land. Auch bei uns im Westen war dieses Argument zu hören, wenn nach Gründen für Russlands Einkreisungsängste gesucht wurde. Putins Krieg gegen die Ukraine hat – zumindest einstweilen – den sich hieran oft anschließenden Versuch verstummen lassen, damit zugleich fragwürdiges Handeln des russischen Präsidenten zu rechtfertigen.

Verstärkt wurde der Vorwurf, die NATO bedrohe Russland, häufig mit dem Hinweis, es sei am Ende des Kalten Krieges vereinbart worden, das transatlantische Bündnis nicht auszuweiten. Dabei wird, auch von russischer Seite, in der Regel auf die Verhandlungen über die Herstellung der deutschen Einheit in der ersten Hälfte des Jahres 1990 verwiesen. In der Tat gab es in jenen Monaten Überlegungen des amerikanischen Außenministers James Baker und seines deutschen Kollegen Hans-Dietrich Genscher, der sowjetischen Seite zuzusagen, im Falle einer deutschen Wiedervereinigung keine NATO-Verbände auf dem Gebiet der ehemaligen DDR zu stationieren. Der Zwei-plus-Vier-Vertrag, der die deutsche Einheit besiegelte, sah dann hingegen eine Verabredung vor, dass deutsche Streitkräfte dort stationiert werden dürften, die der NATO zugeordnet sind – »allerdings ohne Kernwaffenträger«. Von mehr ist dort nicht die Rede, andere Vereinbarungen zu diesem Thema hat es in diesem Zusammenhang nicht gegeben.

Wichtiger noch: Im Dezember 1990 trafen sich die Mitgliedstaaten der KSZE in Paris, um im Lichte des sich anbahnenden Wandels die Grundlage für eine neue friedliche Ordnung in Europa zu verabreden, aufbauend auf der Helsinki-Schlussakte aus dem Jahre 1975. Hier wäre der Ort gewesen, eine Verabredung darüber zu treffen, ob oder wie Militärbündnisse sich ausweiten und neue Mitglieder aufnehmen dürfen. Doch in den beiden großen Verabredungen über die Ordnung in Europa von 1975 und 1990 ist hiervon nicht die Rede – hingegen ist ausdrücklich das Recht der Staaten auf freie Selbstbestimmung festgehalten worden, einschließlich des Rechts, wie es in der Helsinki-Schlussakte heißt, »Vertragspartei eines Bündnisses zu sein oder nicht zu sein; desgleichen haben sie das Recht auf Neutralität«.

Die russische Führung wischt das stets beiseite und verweist auf die 1995 im Rahmen der KSZE verabredete Europäische Sicherheitscharta, die zwar das Recht eines jeden Staates festschrieb, sein Bündnis selbst zu wählen, aber zugleich besagte, dass die Sicherheit aller Staaten »untrennbar verbunden« sei. Alle beteiligten Staaten verpflichteten sich, ihre »Sicherheit nicht auf Kosten der Sicherheit anderer Staaten zu festigen«. Richtig. Aber bedrohte die NATO durch sehr überschaubare Truppen in Lettland oder Bulgarien tatsächlich Russland? Bedrohte die Ukraine, wie Wladimir Putin behauptet, Russland, so dass man dort »vorbeugend« einmarschieren musste?

Das erste Militärbündnis, das nach Ende des Kalten Krieges ausgeweitet wurde, war der von Russland dominierte Vertrag über kollektive Sicherheit, später: Organisation des Vertrages über kollektive Sicherheit. Dem von Russland geführten Militärbündnis sechs ehemaliger Staaten der Sowjetunion trat 1992 unter anderem Belarus bei – eine Ausweitung des Bündnisses Richtung Westen, an die NATO-Grenze heran, folgt man der Logik russischer Argumentation.

NATO-Truppen stehen in Europa nur in NATO-Mitgliedstaaten. Russische Truppen hingegen bis heute in drei europäischen Staaten – gegen deren Willen: in Georgien, in der

Ukraine und in der Republik Moldau. Ob es dem Wunsch des belarussischen Volkes entspricht, russische Truppen im Land zu haben, darf bezweifelt werden.

Auf welch schwachen Füßen die russische Behauptung steht, es habe Verabredungen gegeben, die NATO nicht zu erweitern, hat Wladimir Putin 2019 offenbart, als er beklagte: »Gorbatschow hat einen Fehler gemacht. In der Politik muss man die Dinge dokumentieren. Und er *sprach* nur darüber und dachte, damit sei es getan.« Von den professionellen Qualitäten meiner sowjetischen beziehungsweise russischen Kollegen habe ich, bei vielen, auch grundlegenden, inhaltlichen Differenzen, eine hohe Meinung. Sie sind zu gut, als dass sie vergessen hätten, etwas aufzuschreiben – schon gar nicht, wenn es fundamental die Interessen ihres Landes betraf.

Und was sagt Michail Gorbatschow dazu? Ich habe ihn, den ich immer wieder in Moskau getroffen habe, dazu befragt, und er hat mir das bestätigt, was er auch in zahlreichen Interviews gesagt hat: »Es ist ein Mythos, dass es damals solche Verabredungen gegeben hat.« Und er fügte ein schlagendes Argument hinzu: »Der Warschauer Pakt existierte doch noch!« In der Tat: Man stelle sich einmal vor, der amerikanische Außenminister hätte seinem sowjetischen Kollegen im Sommer 1990 zugesagt, Lettland nicht in die NATO aufzunehmen – einen zu diesem Zeitpunkt festen Bestandteil der Sowjetunion. Eine solche Verabredung damals wäre einer Selbstaufgabe der Sowjetunion und des Warschauer Paktes gleichgekommen.

Im Westen gab es durchaus Stimmen, die NATO nicht auszuweiten. Helmut Schmidt forderte dies etwa bei einem Vortrag im August 1993 in Warschau. Da war er seit elf Jahren nicht mehr Bundeskanzler und musste sich nicht in die Situation seines Nachfolgers Helmut Kohl versetzen. Ist es vorstellbar, dieser wäre damals in das gerade unabhängig gewordene Estland oder Litauen gefahren und hätte seinen Gesprächspartnern gesagt: »Tapfer, wie ihr euch die Freiheit erkämpft habt. Eure Geschichte deutscher Besetzung und sowjetischer Okkupation war schrecklich. Aber jetzt müsst ihr bitte selbst schauen, wie ihr euch mit euren 6500 Soldaten gegen die russischen Streitkräfte verteidigt«?

Selbst diejenigen, die in den neunziger Jahren zur Zurückhaltung mahnten, mussten einräumen, dass die NATO-Erweiterung sich nicht aus der NATO heraus entwickelte, sondern von den Ländern Ostmitteleuropas angestoßen wurde. Mit Sorge verfolgten diese die Entwicklung in Russland – wie den Putschversuch in Moskau mit der anschließenden Stürmung des Parlaments 1993 oder die innere Instabilität des Landes nach dem Zerfall der Sowjetunion. Von 1994 an führte Moskau zudem einen ersten blutigen Krieg in Tschetschenien, um das nach Unabhängigkeit strebende Kaukasusvolk im Russischen Reich zu halten. Dem Drängen der Ostmitteleuropäer gab die NATO schließlich nach, unter der Voraussetzung, Russland einzubinden. So kam es zur NATO-Russland-Grundakte von 1997, parallel zum Beginn der Verhandlungen mit Polen, der Tschechischen Republik und Ungarn, die 1999 der NATO beitraten.

Die NATO ist nicht verpflichtet, ein Land aufzunehmen – aber welche moralische Last hätte gerade Deutschland auf sich geladen, den Staaten Ostmitteleuropas Schutz und Sicherheit zu verwehren? Frühere Jahrhunderte kannten Pufferzonen zwischen Großmächten – dorthin hätten wir sie natürlich verweisen können. Doch Pufferzonen, so hat die Geschichte gezeigt, werden über kurz oder lang zu Trampelpfaden der Streitkräfte benachbarter Länder. 2004 kam es zu einer zweiten Erweiterungsrunde der NATO: Bulgarien, Estland, Lettland, Litauen, Rumänien, die Slowakei und Slowenien wurden aufgenommen. Wenige Tage nach dem Beitritt der baltischen Staaten besuchte Bundeskanzler Gerhard Schröder Anfang April 2004 Russland. Auf einer gemeinsamen Pressekonferenz erklärte Wladimir Putin, wie er hierüber dachte. Die Beziehungen Russlands zur NATO entwickelten sich positiv, sagte er. Und er fügte hinzu: »Hinsichtlich der NATO-Erweiterung haben wir keine Sorgen mit Blick auf die Sicherheit der Russischen Föderation.«

Das Verhältnis Russlands zum Westen war auf keinem schlechten Wege. Als am 11. September 2001 die USA Opfer schrecklicher Terroranschläge wurden, erklärte sich Russland solidarisch und unterstützte die USA bei ihrem Bemühen, die Terroristen an ihrer Basis in Afghanistan zu bekämpfen. Im Gegenzug akzeptierte der Westen, dass auch Russland Terroristen bekämpfte, seit 1999 in einer zweiten »Operation« in Tschetschenien. Doch daraus wurde ein grausamer, von beiden Seiten rücksichtslos geführter Krieg und eine humanitäre Katastrophe; die tschetschenische Hauptstadt Grosny wurde in Schutt und Asche gelegt. In Gesprächen mit der russischen Seite wurde damals deutlich, dass Moskau jeden, der auch nur vage für eine tschetschenische Unabhängigkeit eintrat, als Terrorist einstufte und gnadenlos verfolgte.

Vor dem Hintergrund des Tschetschenien-Krieges, der bis 2009 dauern sollte, und angesichts wachsender Spannungen zwischen Russland und Georgien drängte Präsident George W. Bush darauf, der Ukraine und Georgien eine ähnliche Aussicht auf Sicherheit zu bieten, wie die Länder Ostmitteleuropas sie bereits erhalten hatten. Auf dem NATO-Gipfel in Bukarest 2008 kam es zu stundenlangen, erbitterten Auseinandersetzungen, denn Bundeskanzlerin Angela Merkel widersetzte sich den amerikanischen Plänen. Die entscheidenden Gespräche wurden von der Bundeskanzlerin bezeichnenderweise nicht mit den USA, sondern mit den Staats- und Regierungschefs ostmitteleuropäischer Länder geführt. Eindringlich schilderten diese die Bedrohung durch Russland. Am Ende kam es zu einem Kompromiss. Die Ukraine und Georgien erhielten die Zusage, NATO-Mitglieder zu werden, doch Deutschland setzte durch, dass sich hieraus keinerlei konkrete Perspektive entwickelte. Anders als früheren Beitrittskandidaten wurde der Ukraine und Georgien keine Strategie der Annäherung zugesagt, kein sogenannter »Aktionsplan für die Mitgliedschaft« (»Membership Action Plan«).

Hierauf bezog sich Bundeskanzler Olaf Scholz, als er bei seinem Bemühen, eine Eskalation der russischen Drohungen gegen die Ukraine zu verhindern, im Februar 2022 in Kiew und Moskau nachdrücklich darauf verwies, dass ein Beitritt der Ukraine zur NATO jetzt und in absehbarer Zukunft nicht auf der Tagesordnung stehe.

Die Unentschiedenheit der NATO-Position von 2008 hinsichtlich einer Mitgliedschaft der Ukraine und Georgiens löste in Moskau erhebliche Irritationen aus – was verständlich ist, wenn man die NATO grundsätzlich als Bedrohung empfindet. Georgien und die Ukraine hingegen sahen sich im Stich gelassen. Kurz nach dem NATO-Gipfel nutzte Russland im Krieg mit Georgien die Gelegenheit, Teile des Nachbarlandes de facto zu annektieren.

Die Ukraine verließ sich für ihre Sicherheit auf das Budapester Memorandum von 1994, in dem Russland als einer der Signatarstaaten dem Nachbarland Souveränität und territoriale Integrität garantiert hatte. Neben der Ukraine erhielten damals auch Kasachstan und Belarus entsprechende Zusicherungen. Die Gegenleistung der drei Staaten war erheblich: Sie gaben ihre Bestände an Nuklearwaffen auf, über die sie als Erben der Sowjetunion noch verfügten. Die Ukraine war zu jenem Zeitpunkt das Land mit dem weltweit drittgrößten Kernwaffenarsenal. Ihre Empörung und Verbitterung waren daher nur allzu verständlich, als Russland sie 2014 überfiel.

Im Rückblick kann man sagen, wir hätten noch entschlossener an einer wirklich gesamteuropäischen Friedensordnung arbeiten können. Doch das wechselseitige Misstrauen blieb zu groß, nicht zuletzt in jenen Ländern mit schlimmen Erfahrungen russischer und sowjetischer Aggression und Okkupation. Russland tat nichts, um Vertrauen zu gewinnen. Aussöhnung ist harte, sehr harte Arbeit. Dazu bedarf es zunächst der Ehrlichkeit im Umgang mit der eigenen Geschichte. Und nicht nur Russland tut sich damit schwer. Wir wiederum stießen mancherorts mit unserer Art der Aufarbeitung der Vergangenheit auf Irritation – »Sie dürfen sich nicht immer in die zweite Reihe drängen lassen! Deutschland muss eine viel aktivere Rolle spielen – die europäische Einigung ist gut, wir begrüßen sie. Aber Deutschland muss dort führen!«, hat Wladimir Putin einmal in einem Gespräch mit ihm wohlgesinnten deutschen Gästen gesagt. Der Satz könnte auch von Politikern anderer Länder stammen. »Es kann doch nicht sein, dass ihr keine andere Agenda habt als Frieden, Wohlstand und europäische Integration!«, habe ich bei Beratungen im Kreise der anderen Mitgliedstaaten in Brüssel immer wieder gehört, als ich als junger Diplomat dort arbeitete, gerade von den Vertretern jener Länder, denen Stolz und Selbstbewusstsein, nationale Traditionen und Patriotismus wichtige Teile ihres Selbstverständnisses sind.

Zu versuchen, Russland mit einzubeziehen in internationale Verabredungen, in ein gutes Verhältnis zum Westen, in Vereinbarungen zum gegenseitigen Nutzen war richtig. »Sicherheit durch Verflechtung« herzustellen ist ein sinnvoller, weil friedlicher Weg, solange er gepaart ist mit der Bereitschaft zu Entschlossenheit und einem nüchternen Blick auf die Wirklichkeit. Dazu bedarf es allerdings der Bereitschaft beider Seiten – doch die russische Politik hat es uns und vor allem sich selbst immer wieder unendlich schwer gemacht. Man will umworben, geehrt und respektiert werden und man möchte immer neue Vorschläge erhalten, aus denen man sich dann das Passende aussucht. »Wer grundlos lächelt, ist schwach«, ist eine Grundüberzeugung russischer Politik. Dennoch war es richtig, immer wieder auf Russland zuzugehen, es nicht bloß abzuweisen oder sich gegen das große Land abzuschirmen und sich vor ihm zu schützen. Doch Wladimir Putin hat an die Stelle des Dialogs die Konfrontation gesetzt: Er hat das Schachbrett umgeworfen. Das macht weder die Regeln des Schachs noch frühere Züge falsch. Aber die vom russischen Präsidenten gewählte Konfrontation wird nun unsere Zukunft bestimmen – wir müssen mit ihr umgehen und schließlich auch versuchen, sie im Interesse der Friedenssicherung zu gestalten.

III

DER WEG IN DEN KRIEG

DIE ANNEXION DER KRIM UND
DIE KÄMPFE IM DONBAS

»Russland wehrt sich« – dies war der Kern der Rechtfertigung, die Wladimir Putin für sein Ausgreifen vortrug, als er 2014 die Krim annektierte und Russland jenen Krieg im Südosten der Ukraine entfesselte, der schon bis zum 24. Februar 2022 furchtbare Zerstörung und schreckliches Leid mit sich gebracht hatte.

Russlands Krieg gegen die Ukraine begann 2014. Am 26. Februar war es vor dem Regionalparlament der Krim in Simferopol zu Zusammenstößen zwischen prorussischen Demonstranten und Vertretern der ukrainischen Regierung gekommen. Am Tag darauf besetzten bewaffnete Sicherheitskräfte das Parlament und erzwangen eine Abstimmung in ihrer Gegenwart; teilnehmen durften lediglich Abgeordnete, die ein Mann eingeladen hatte, der sich in dieser Sitzung zum Ministerpräsidenten der Krim wählen ließ, Sergej Axionow. Beschlossen wurde, ein »Referendum« über die staatliche Zugehörigkeit der Krim abzuhalten, das alsbald durchgeführt wurde und mit zuverlässig organisierter Mehrheit zugunsten eines Anschlusses der Krim an Russland ausging. Die Sicherheitskräfte, die in Russland alsbald den Spitznamen »die höf-

lichen Leute« erhalten sollten, da ihre Operation ohne Blutvergießen abgelaufen war, hatten zuvor die gesamte Halbinsel
unter ihre Kontrolle gebracht.

Behauptete die russische Führung anfangs, mit der ganzen Sache nichts zu tun zu haben – so auch in vielen kontroversen Gesprächen, die ich seit meinem Dienstantritt am
24. März 2014 in Moskau führte –, so legte Wladimir Putin
2015 in einer Dokumentation des russischen Fernsehens die
Wahrheit offen. Vier Tage vor dieser »Spezialoperation« habe
er nach einer nächtlichen Sitzung mit seinen wichtigsten Be-
ratern das Gespräch mit den Worten beendet: »Die Situation
in der Ukraine hat sich so entwickelt, dass wir gezwungen
sind, die Arbeit an der Rückkehr der Krim nach Russland
zu beginnen.« Bereits im Jahr zuvor hatte er in einer Fernsehsendung eingeräumt, dass »hinter den Selbstverteidi-
gungskräften selbstverständlich russische Soldaten gestanden« hätten, damit beauftragt, »die freie Willensäußerung
der Menschen auf der Krim abzusichern«. Zu den Standard-
artikeln russischer Souvenirläden gehörten seither kleine
Bronzefiguren mit dem Namen: »Die höflichen Leute –
Russlands moderne Spezialkräfte«.

Sprache und Begriffe – auch 2022 spielen sie wieder eine
große Rolle. Vieles ist Ausdruck schlechten Gewissens. Die
Invasion der Ukraine als »Krieg« zu bezeichnen, steht in Russland unter Strafe, man darf nur von einer »militärischen Spezialoperation« sprechen. Aus Zeiten der Diktatur haben viele
Russen sich ihren Galgenhumor bewahrt. Sogleich kursierte
in den sozialen Medien das Titelbild der Neuausgabe eines der
großen Werke der russischen Literatur: Lew Tolstois »Spezialoperation und Frieden«.

Als Wladimir Putin am 18. März 2014 die »Rückkehr der Krim zu Russland« in einer patriotisch-emotionalen Feier im Georgssaal des Moskauer Kreml vollzog, wandte er sich in seiner Rede ausdrücklich auch an das ukrainische Volk: »Glaubt nicht jenen, die euch Angst vor Russland einjagen, die laut schreien, dass andere Regionen der Krim folgen werden. Wir wollen die Ukraine nicht spalten, das brauchen wir nicht.« Zwei Wochen später, in den ersten Apriltagen 2014 entbrannte im Südosten der Ukraine, im Donbas, ein Krieg, der eine humanitäre Katastrophe auslöste. Zwei Gebiete an der russischen Grenze, um die Städte Donezk und Luhansk, erklärten sich zu »unabhängigen Staaten«. Am 21. Februar 2022 erkannte die Russische Föderation die beiden »Volksrepubliken« an, die bislang nur einen Teil der beiden gleichnamigen Regionen kontrollierten; drei Tage später marschierte die russische Armee dort und in weiten Teilen der übrigen Ukraine ein.

Der ehemalige russische Geheimdienstoberst Igor Girkin hat in einem Interview über die Operation von 2014 geschildert, dass er nicht allein jene Spezialkräfte befehligt hatte, denen die »Heimholung der Krim« anvertraut war, sondern auch im Donbas aktiv geworden war: »Das Rad des Krieges, das sich bis jetzt dreht, hat praktisch unsere Abteilung in Schwung gebracht!« Zur Klarstellung fügte Girkin, der anschließend »Verteidigungsminister« der von den Separatisten ausgerufenen »Volksrepublik Lugansk« wurde, hinzu: »Ich habe den Auslöser des Krieges gedrückt!« Im Sommer 2014 ließ sich nicht länger bestreiten, dass russische Streitkräfte den Krieg im Donbas führten. Beteiligte Soldaten tauschten sich darüber in sozialen Medien aus. Der mutige Journalist Lew

Schlosberg, der enthüllte, dass gefallene Soldaten in der russischen Heimat nachts heimlich beigesetzt wurden, wurde überfallen und fast zu Tode geprügelt.

Als die russische Regie im Donbas zu offensichtlich wurde, wich die russische Propaganda auf die Erklärung aus, es handle sich zwar um russische Soldaten, diese kämpften jedoch »in ihrer Freizeit« dort. Angehörigen der russischen Streitkräfte ist es ausdrücklich untersagt, für andere Streitkräfte oder als Freischärler zu kämpfen. Strafrechtlich verfolgt worden sind solche »Freizeiteinsätze« nicht. Russland kontrollierte die Grenze zwischen den »Volksrepubliken« und dem eigenen Land auf beiden Seiten. Und so standen den »Separatisten« über die Jahre kontinuierlich neue Waffen, Munition und Kämpfer zur Verfügung.

Am 17. April 2014 legte Wladimir Putin in einer Fernsehsendung dar, dass er noch weitergehende Ziele verfolgte. Er benutzte dazu einen Begriff aus den Zeiten russischer Expansionspolitik des 18. Jahrhunderts: »Neurussland«. Gemeint sind jene Gebiete im Osten der Ukraine und im Süden längs des Schwarzen Meeres, die Moskau acht Jahre später unter seine Kontrolle zu bringen versuchte. »Das ist Neurussland«, führte Putin aus, »all diese Städte wie Charkow, Lugansk, Donezk, Cherson, Nikolajew und Odessa. Sie waren kein Bestandteil der Ukraine in zaristischen Zeiten. All diese Territorien wurden der Ukraine in den zwanziger Jahren von der sowjetischen Regierung zugeschlagen. Warum sie es damals gemacht hat? Weiß der Herrgott!« Das am Asowschen Meer gelegene Mariupol, Sinnbild des Grauens der russischen Kriegführung 2022, war bereits 2014 angegriffen worden, doch ukrainischen Streitkräften war es gelungen, die Stadt zu halten.

Drei Monate später, am 17. Juli 2014, erfuhr der Konflikt eine dramatische Zuspitzung. Über dem Donbas stürzte eine Linienmaschine der Malaysia Airlines ab, Flug MH 17. Bei der Katastrophe, die zu den größten in der Geschichte der zivilen Luftfahrt gehört, kamen alle 298 Insassen ums Leben. Sehr rasch entstand der Verdacht, dass es sich bei dem Absturz um einen – möglicherweise irrtümlichen – Abschuss gehandelt hatte, den die Separatisten oder sie unterstützende Einheiten der russischen Streitkräfte zu verantworten hatten. Lange und intensive Untersuchungen haben dies inzwischen zweifelsfrei belegt und die Verantwortlichen benannt – unter ihnen: Igor Girkin.

*

Trug ich Gesprächspartnern der russischen Seite unsere Sicht zur Annexion der Krim vor, lautete die Reaktion routinemäßig: »Und was habt ihr mit dem Kosovo angerichtet?« Dabei eignet sich der Fall des Kosovo besonders gut, um zu zeigen, wie sich das russische vom westlichen Vorgehen unterscheidet.

In der von Albanern bewohnten Teilrepublik Serbiens kam es über viele Jahre zu schlimmsten Menschenrechtsverletzungen. Also unternahmen westliche Politiker das, was in solchen Fällen üblich und angezeigt ist. Sie sprachen mit Belgrad, sie trugen die Situation in der OSZE und in der UNO vor. Das Vetorecht Russlands, der selbst ernannten Schutzmacht Serbiens, verhinderte ein Eingreifen der Vereinten Nationen. Als die Berichte sich mehrten, dass es im Kosovo zu Massakern kam, war vor allem auch die deutsche Politik vor eine schwere moralische Abwägung gestellt: Sollte sie das Morden sehenden

Auges geschehen lassen oder doch tätig werden? Es war die rot-grüne Bundesregierung, die sich zu Letzterem entschloss. Das Eingreifen der NATO zugunsten der Kosovaren gegen Serbien erfolgte ohne Mandat der Vereinten Nationen. Dies machte es problematisch. Russland hatte ein solches Mandat verhindert, stimmte nach Beendigung der Kampfhandlungen allerdings der UNO-Resolution 1244 zu, die die Grundlage schuf für die Einrichtung einer Übergangsverwaltung und die Stationierung der KFOR-Sicherheitstruppen. Doch aus russischer Sicht blieb das Eingreifen der NATO im Kosovo 1999 ein schlimmer Sündenfall westlicher Politik.

Seine Aspirationen auf die Krim hat Moskau weder in Gesprächen mit Kiew noch in der OSZE oder im Sicherheitsrat der Vereinten Nationen thematisiert. Die Krim wurde einfach »heimgeholt«. Ein weiterer wesentlicher Unterschied beider Sachverhalte: Die Krim wurde annektiert, aus dem Kosovo wurde ein unabhängiger Staat. Eigentümlich ist auch das Argument, aus vermeintlichem Unrecht das Recht abzuleiten, selbst Unrecht tun zu dürfen. Wenig glücklich über den russischen Vergleich zeigte sich in Moskau im Übrigen mein serbischer Kollege: Wenn Russland mit dem Hinweis auf den Kosovo die Rechtmäßigkeit der Annexion der Krim begründe, rechtfertige es damit natürlich auch die Abtrennung des Kosovo von Serbien.

Der Zerfall Jugoslawiens mit seinen schrecklichen Kriegen und seinem unermesslichen Leid gehörte zu den heftigsten Streitpunkten zwischen Russland und dem Westen nach dem Ende der Sowjetunion. Beide Seiten agierten zu unterschiedlich, um eine Einigung erzielen zu können. »Europa verlor Zug um Zug seine gemeinsame Sprache«, hat Wolfgang Eichwede, einer der besten deutschen Russland-Kenner, hierzu angemerkt.

Die Ukraine in Putins geopolitischem Denken

Seiner Äußerung, der Zerfall der Sowjetunion sei die größte geopolitische Katastrophe des 20. Jahrhunderts, hat Wladimir Putin bei einer späteren Gelegenheit hinzugefügt, eine der schlimmsten Folgen dieser Katastrophe bestehe darin, dass mit dem Ende der Sowjetunion so viele Russen plötzlich im Ausland lebten. »Wir sind heute das größte geteilte Volk der Welt«, beklagte er. Rund 25 Millionen in den 1991 neu entstandenen unabhängigen Staaten lebende Russen sind, objektiv betrachtet, eine Herausforderung für die politische Führung in Moskau. Doch wieder gilt der Blick nur dem eigenen Schicksal und erfolgt die Klage im Opferduktus, ohne Rücksicht auf den Gang der Geschichte.

Über Jahrzehnte war die Mehrheitsbevölkerung in vielen Sowjetrepubliken von einer russischen Minderheit gelenkt, kontrolliert und auch kujoniert worden. Das hatte für viel Unmut gesorgt. Im dann unabhängigen Turkmenistan, in Kirgisistan, Georgien, Estland und Lettland hatten Russen daher häufig einen schweren Stand, manches ist bis heute nicht ausgeräumt. Wer die neue Amtssprache nicht beherrschte, fand schwer Zugang zum Arbeitsmarkt, erhielt möglicherweise nicht die Staatsangehörigkeit des neuen Landes. Dass die Vorfahren dieser russischen Bürger erst von Stalin dort angesiedelt worden waren, machte die Integration nicht leichter.

Offiziell war die Sowjetunion ein »multiethnischer Staat«, in Wahrheit handelte es sich aber eben um das letzte große Kolonialreich auf Erden. National gesinnte Russen reagieren auf die Feststellung, das Russische Reich sei eine Kolonialmacht gewesen, üblicherweise mit Empörung. Die Völker des Zarenreichs hätten sich mehr oder minder freiwillig unter die Herrschaft Moskaus gestellt und seien im Übrigen sehr gut behandelt worden.

Aus dem Schicksal der Russen im Ausland leitet Wladimir Putin den Anspruch ab, überall dort, wo Russen leben, mitbestimmen zu dürfen, mehr noch: die Verpflichtung, sie schützen zu müssen. Dies diente auch als Rechtfertigung für die Annexion der Krim. »Wir konnten die Krim und ihre Bewohner nicht im Stich lassen, das wäre schlichtweg Verrat gewesen«, sagte er in seiner Rede anlässlich der »Heimholung« der Halbinsel.

Im Juni 2014 warf eine Pressekonferenz in Wien einen dunklen Schatten auf das voraus, was 2022 geschehen sollte. Wladimir Putin offenbarte, dass seinem Verständnis nach nicht nur Russen zur »Russkij Mir«, der »Russischen Welt«, gehören, sondern auch Ukrainer, die sich Russland besonders verbunden fühlen: »Natürlich werden wir ethnische Russen in der Ukraine immer schützen, wie auch jenen Teil der ukrainischen Bevölkerung, des ukrainischen Volkes, das sich Russland nicht nur ethnisch, sondern auch kulturell und sprachlich untrennbar verbunden fühlt, das sich als Teil der weiteren russischen Welt sieht.« Man werde die Entwicklung in der Ukraine nicht nur sorgfältig im Auge behalten, sondern gegebenenfalls auch entsprechend reagieren. »Ich hoffe, dass die Streitkräfte dafür nicht benötigt werden.«

Die Krim und später die gesamte Ukraine schienen aus der Sicht Wladimir Putins besonders geeignet, die Vorstellung umzusetzen, »eigentlich« gehöre das alles doch »irgendwie« zusammen: Moskau als Hüter und Herrscher aller ethnischen Russen, der alten Rus. Dahinter verbirgt sich eine Herablassung, die auch in der russischen Sprache deutlich wird. Redet man über etwas, das sich in der Ukraine zugetragen hat, so benutzt man im Russischen die Präposition »na«, um »in« zu sagen, nicht »w«, wie es sich für einen ordentlichen Staat gehört; »na« ist für Regionen und Landschaften reserviert. Und die Bezeichnung selbst – »Ukraina« – suggeriert im Russischen, es handle sich um eine am Rande gelegene Region, ein Grenzland des Russischen Reichs.

Wenn Russen vom Brudervolk der Ukrainer sprechen, meinen sie das Verhältnis von großem Bruder (dem russischen) zu kleinem (dem ukrainischen); stets schwingt darin etwas Überhebliches mit. Die Vorstellung vieler Russen, die Ukraine sei eigentlich gar kein rechter Staat und die Ukrainer seien offensichtlich auch gar nicht in der Lage, ihre Angelegenheiten selbst zu regeln, wurde von der Propaganda früh und erfolgreich aufgegriffen. Nicht wenige meiner deutschen Gesprächspartner haben in Unkenntnis der historischen Zusammenhänge die russische Lesart unreflektiert übernommen.

Das Denken, das sich dahinter verbirgt, hat 2019 der ebenso kluge und hochbegabte wie zynische »Spin-doctor« Wladislaw Surkow in einem Interview offenbart. Bis dahin war er fünf Jahre lang der Beauftragte des russischen Präsidenten für die Lösung des Konfliktes mit der Ukraine gewesen – schon länger war er der Vordenker der putinschen Macht. In jenem Interview legte sich Surkow keinerlei Zurückhaltung auf: »Es gibt keine Ukraine. Es gibt Ukrainertum. Das heißt, eine bestimmte Geistesstörung«, führte er aus und fügte hinzu, die einzige Methode, »die sich gegenüber der Ukraine als wirksam erwiesen« habe, sei der Zwang zu brüderlichen Beziehungen. Ob er denn glaube, wurde er gefragt, dass der Donbas zur Ukraine zurückkehren werde. Dafür reiche seine Vorstellungskraft nicht aus, erwiderte er: »Der Donbas verdient eine solche Demütigung nicht. Die Ukraine verdient eine solche Ehre nicht.«

Im Sommer 2021 fasste Wladimir Putin seine Ansichten über die historische Einheit von Russen und Ukrainern in einem jener Aufsätze zusammen, die unter seinem Namen veröffentlicht werden. In westlichen Fachkreisen löste dieser alarmierte Reaktionen aus. Dass die beiden Völker in zwei Staaten getrennt lebten, sei ein »großes Unglück für alle«, eine wahre »Tragödie«. Hatte Putin der Ukraine bis zur Annexion der Krim noch eine relative Selbstständigkeit zugebilligt – die Ukraine sei »Teil unserer großen russischen oder russisch-ukrainischen Welt«, sagte er 2013 in einer Rede –, so kam er jetzt zu dem Schluss, »dass die Ukraine echte Souveränität nur in Partnerschaft mit Russland erreichen kann … Gemeinsam waren wir schon immer um ein Vielfaches stärker und erfolgreicher und werden es auch in Zukunft sein. Schließlich sind wir *ein* Volk.«

»Objektive« Faktoren belegten dies: Historische, sprachliche, religiöse und kulturelle Gemeinsamkeiten »bewiesen«, dass Russen und Ukrainer gemeinsam mit den Weißrussen seit den Tagen der Kiewer Rus eine unverbrüchliche Einheit bildeten. Für die Gegenwart, so Wladimir Putin, sei zu unterscheiden zwischen dem wunderbaren Volk der Ukraine, das in seiner großen Mehrheit nach einer »Wiedervereinigung«

mit Russland strebe, und einer korrupten Regierung, die sich vom Westen »in ein gefährliches geopolitisches Spiel« habe hineinziehen lassen, »dessen Ziel es ist, die Ukraine in einen Puffer zwischen Europa und Russland, in ein Aufmarschgebiet gegen Russland zu verwandeln«. Ganz ähnlich hatte der Kreml bereits 2003 bei der Revolution in Georgien und ein Jahr später bei der Orangen Revolution in der Ukraine argumentiert, hinter denen in Wahrheit der Westen stecke, der einen Regimewechsel in Moskau erzwingen wolle.

Teil dieses »Anti Russland«-Programms sei es, in der Ukraine eine aggressive Stimmung gegen die dort lebenden Russen zu schüren und diese gewaltsam zu assimilieren. »Es ist nicht übertrieben zu sagen, dass die gegenwärtige Politik einer gewaltsamen Assimilation, der Schaffung eines ethnisch sauberen ukrainischen Staates, die sich aggressiv gegen Russland richtet, in ihren Folgen vergleichbar ist mit dem Einsatz von Massenvernichtungswaffen gegen uns.« Auch Russlands erhebliche demografische Probleme brachte Putin in seinem Aufsatz ins Spiel: Sie könnten ausgeglichen werden durch die im Ausland lebenden Russen, die er als eine Art völkischer Reserve sieht. Gehe die Ukraine aufgrund eines vom Westen betriebenen »künstlichen Bruchs zwischen Russen und Ukrainern« verloren, »kann das russische Volk um Hunderttausende, ja um Millionen abnehmen«.

Bei den Massenprotesten auf dem Kiewer Majdan im Winter 2013/2014 gegen den Versuch von Präsident Wiktor Janukowitsch, seinem Land den Weg in die EU zu versperren, habe der Westen sein wahres Gesicht gezeigt, so Putin weiter. »Die westlichen Mächte mischten sich offen in die inneren Angelegenheiten der Ukraine ein und unterstützten den Umsturz.« Damals sei die Ukraine zur »Geisel eines fremden geopolitischen Willens« geworden. Russland habe alles unternommen, um den Bruderkrieg zu beenden, aber Kiew habe offenbar »gar kein Interesse am Donbas«.

Von heute aus liest sich Wladimir Putins Aufsatz wie ein Versuch, Motive für einen Einmarsch zusammenzutragen. Insbesondere die düsteren Andeutungen von »ethnischen Säuberungen«, denen die Russen in der Ukraine ausgesetzt seien, ließen im Sommer 2021 viele im Westen aufhorchen. Kaum verhüllt unter zahlreichen Drohungen an die Adresse der Regierung in Kiew, zeichnete sich hier das vertraute Erklärungsmuster ab, man müsse mit einer Invasion bedrängten Landsleuten zu Hilfe eilen.

Der Weg der Ukraine

Die Realität in der Ukraine ist eine völlig andere. Das Land hat sich seit seiner Unabhängigkeit 1991 konsequent zu einer heute gut funktionierenden Demokratie entwickelt, trotz aller Verwerfungen, die so vielen Ländern nicht erspart blieben, die aus den Trümmern der Sowjetunion hervorgegangen sind, einschließlich Korruption und Oligarchenwirtschaft. Bei aller Verbundenheit, die man bis zu Putins Krieg mit dem Osten fühlte, schaut das Land heute nach Westen. Wenn man eines auf keinen Fall will, dann ist es, von Russland erneut vereinnahmt zu werden. Man kennt die gemeinsame Vergangenheit und betont die Verwandtschaft der beiden Völker, viele Familien haben russische wie ukrainische Wurzeln. Dass aber die Russen Staat und Gesellschaft noch einmal dominieren sollen, wie das bis zur Auflösung der Sowjetunion der Fall gewesen war, dieses Ansinnen einer radikalen, von Moskau unterstützten russischen Minderheit, lehnen die Ukrainer ab – darunter auch viele, die sich als russische Ukrainer betrachten.

Die Unabhängigkeitsbewegung des Landes reicht bis weit ins 19. Jahrhundert zurück, die Ukrainer haben eine ganz eigene Geschichte, geprägt von den Teilungen zwischen verschiedenen Reichen, zuletzt, entscheidend, bis 1918 zwischen dem Russischen Reich im Osten und Österreich-Ungarn im Westen. Aus der Erbmasse des letzteren fiel nach 1918 ein Teil dem wiedererstandenen Polen zu, Galizien. Dessen östlichen Teil, Ostgalizien mit Lemberg, verleibte sich die Sowjetunion 1939 ein und gab ihn, wie auch ihre übrige Beute aus dem Hitler-Stalin-Pakt, 1945 nicht wieder heraus. Über die Jahrhunderte prägten das Land Orthodoxie und russische Kultur im Osten, das Habsburgerreich und ein westliches Christentum unterschiedlicher Ausprägung im Westen.

In Deutschland wird häufig vergessen, dass die Ukraine im Zweiten Weltkrieg unter den Deutschen besonders schwer gelitten hat. Wie viele ukrainische Soldaten sind im Kampf gegen Hitler gefallen, wie viele ukrainische Zivilisten haben ihr Leben verloren unter der deutschen Besatzung! Wenig davon ist denen bewusst, die stets nur mahnen, Deutschland stehe wegen des Zweiten Weltkrieges in Russlands Schuld. Ja, aber eben nicht nur in Russlands Schuld.

Das reiche jüdische Erbe des Landes haben die Deutschen nach 1941 vernichtet. Mehr als eine Million ukrainische Jüdinnen und Juden wurden ermordet. Unter ihnen waren der Großvater von Wolodymyr Selenskyj und drei Brüder seines Vaters. Dieser kämpfte im Zweiten Weltkrieg in der Roten Armee – wie so viele Ukrainer. Wladimir Putin aber ist davon überzeugt, er müsse die Ukraine »denazifizieren«. Führende Vertreter der jüdischen Gemeinde der Ukraine hatten schon im März 2014 in einem offenen Brief an den russischen Präsidenten der Behauptung widersprochen, in der Ukraine gäbe es antisemitische Ausschreitungen. Putin blieb bei seiner Linie. Alles, was russische Truppen bis heute an Zerstörung und Leid im Nachbarland anrichten, wird als das Werk »ukrainischer Faschisten« bezeichnet. »Faschismus« ist der einzige Bezugspunkt, den Putin noch zu haben scheint, um sein Volk für einen solch furchtbaren Angriffskrieg hinter sich zu scharen.

Völlig verrannte sich Sergej Lawrow bei einem Versuch, die offensichtliche Absurdität des Arguments zu verteidigen, man müsse die von einem jüdischen Präsidenten geführte Ukraine »denazifizieren«. In einem Interview mit einem italienischen Fernsehsender meinte er, darauf angesprochen, am 2. Mai 2022: »Wenn ich mich recht entsinne, hatte auch Hitler jüdisches Blut. Das bedeutet absolut nichts. Das weise jüdische Volk sagt seit Langem, dass die eifrigsten Antisemiten in der Regel Juden sind.« Der weltweite Aufschrei über diese Bedienung uralter antisemitischer Stereotypen hielt das russische Außenministerium nicht davon ab, noch eine Schippe drauf zu legen: Die Proteste der israelischen Regierung gegen Lawrows Äußerung erklärten, warum diese das »neonazistische Regime in Kiew« aktiv unterstütze. Voller Sorge äußerte sich auch die Konferenz Europäischer Rabbiner: Es bleibe abzuwarten, ob Lawrows Äußerung ein Fehltritt gewesen sei oder ein unheilvolles Zeichen für eine neue Politik des Kreml gegenüber Juden.

In der Ukraine gibt es in der Tat gewaltbereite Rechtsextremisten und Nationalisten. Wie in Frankreich oder Deutschland, den USA oder Russland. Bei den letzten Wahlen zum ukrainischen Parlament verfehlte ein Bündnis rechtsextremer Parteien jedoch mit lediglich 2,15 Prozent den Einzug ins Parlament.

Im Westen wurde man nach der Annexion der Krim durch Russland immer wieder mit der Frage konfrontiert, ob die Halbinsel in Wirklichkeit nicht doch zu Russland gehöre. Hatte nicht Zarin Katharina die Große die Krim Ende des 18. Jahrhunderts für das Reich erobert? Hatte nicht erst Nikita Chruschtschow sie 1954 umgegliedert, von der russischen hin zur ukrainischen Sowjetrepublik? Aber vielleicht gehört die Krim auch zur Türkei, da die Halbinsel Teil des Osmanischen Reichs war, bevor die Zarin sie sich nahm? Und wie ist es um die Ansprüche noch früherer Herrschaftsmächte bestellt – Venedig, Genua, Byzanz? Auf einem Kontinent, auf dem Jahrhunderte lang um Territorien gestritten wurde, fällt einem eine Vielzahl an Beispielen ein, welches Gebiet »eigentlich« einem anderen gehören sollte. Die Behauptung, diese oder jene Region gehöre »eigentlich« diesem oder jenem Nachbarn und der dürfe sich das Recht nehmen, sie »zurückzuholen«, führt ins Uferlose – und entfesselt Streit und Krieg.

Nicht der vermeintliche Anspruch der einen oder anderen Seite, die diesen dann mit Gewalt durchzusetzen versucht, kann solche Fragen entscheiden, sondern ausschließlich das Recht. Die einzige freie Abstimmung über die Zugehörigkeit der Krim fand 1991 statt, als die Ukraine unabhängig wurde. Die Halbinsel entschied sich dafür, zu Kiew und nicht zu Moskau gehören zu wollen. Russland hat im bereits erwähnten

Budapester Memorandum drei Jahre später die territoriale Integrität und Souveränität der Ukraine anerkannt und garantiert und auf die Anwendung von Gewalt gegen den Nachbarn verzichtet. Auch die Zugehörigkeit der Krim zur Ukraine war damit durch Russland völkerrechtlich verbürgt.

Bei der Volksabstimmung von 1991 dürften insbesondere die Krimtataren für den Verbleib in der Ukraine gestimmt haben. Die von alters her dort ansässige Bevölkerungsgruppe spricht eine Turksprache und ist muslimischen Glaubens. In der Stalin-Zeit verfolgt und unterdrückt, setzten viele Krimtataren in der Hoffnung, das sowjetische Joch abzuschütteln, im Sommer 1941 fatalerweise auf die deutschen Besatzer. Das sollte sich bitter rächen. Nach der Rückeroberung der Krim durch die Rote Armee im Mai 1944 wurden alle Krimtataren, fast 190 000, unter furchtbaren Bedingungen nach Zentralasien deportiert. Zehntausende verloren ihr Leben. In der späten Sowjetzeit durften sie zurückkehren. Als die Ukraine unabhängig wurde, lebten etwa eine Viertelmillion Tataren auf der Krim. Nach deren Annexion durch Russland wurden viele von ihnen, insbesondere ihre Anführer, erneut Opfer von Repression und Verfolgung.

Die Ukraine und die EU

Als Vorwand für die Annexion der Krim gab Moskau die angebliche massenhafte Verletzung von Menschen- und Bürgerrechten russischsprachiger Bewohner der Halbinsel an. Beweise hierfür wurden nicht vorgelegt, keine anschließende unabhängige Untersuchung hat entsprechende Belege gefunden. Der eigentliche Grund für das russische Handeln war schließlich auch ein anderer: Die Ukrainer hatten beschlossen, sich dem Westen zuzuwenden. Die Orange Revolution 2004 war aus Sicht Moskaus ein erster Vorbote dieser Absetzbewegung gewesen. Seit 2008 liefen Verhandlungen mit der EU, die dem Land Zugang verschaffen sollten zum größten Binnenmarkt der Welt. In diesen Verhandlungen verfolgte Präsident Wiktor Janukowitsch, seit 2010 im Amt, einen unklaren, für Moskau nicht ungefährlichen Kurs. Kurzum, die Ukraine drohte sich aus der geopolitischen Einflusszone Moskaus zu verabschieden.

Eine Mitgliedschaft in der EU war der Ukraine in Aussicht gestellt, aber nicht zugesagt worden. Zuständig für die Verhandlungen war die EU-Kommission – und diese hätte umsichtiger vorgehen können, auch wenn Kommissionspräsident José Manuel Barroso im Dezember 2014 rückblickend sagte, Moskau war »fünf Jahre lang im Detail über unsere Gespräche (...) informiert.« Zwar gibt es kein Recht Dritter, an den Verhandlungen zweier Parteien beteiligt zu werden, aber die vielfachen Bindungen zwischen der Ukraine und Russland hätten mehr berücksichtigt werden können. Richtig ist aber auch, dass Russland den Verhandlungen wenig Beachtung schenkte, da die EU in den geopolitischen Vorstellungen Moskaus kein wirklicher Akteur ist – eine EU-Mitgliedschaft sah man in Moskau lediglich als Vorstufe zu dem, was man wirklich fürchtete: einen Beitritt des Nachbarlandes zur NATO. Zahlreiche offene Fragen zwischen Kiew und Moskau konnten später – obgleich Russland inzwischen militärisch gegen die Ukraine vorgegangen war – innerhalb eines Jahres verhandelt und zu einem guten Abschluss gebracht werden. Doch die Konstruktion der EU hatte sich wieder einmal als

Schwäche erwiesen: Die Zuständigkeiten für Handelsfragen, angesiedelt bei der Kommission, und eine noch nicht sehr starke außenpolitische Säule – damals in Person der Außenbeauftragten Catherine Ashton – waren zu wenig aufeinander abgestimmt; die Union machte keine Politik aus einem Guss.

Aber auch die Ukraine erwies sich nicht als einfacher Partner. Zu viele Veränderungen, die das Land auf die Assoziierung vorbereiten sollten, kamen schlecht oder nur schleppend voran, wirtschaftliche und politische Reformen, nicht zuletzt im Bereich des Rechtsstaats, ließen auf sich warten. Kritisiert wurde die Inhaftierung führender Oppositioneller wie auch der ehemaligen Ministerpräsidentin Julia Timoschenko. Als die für den Dezember 2013 geplante Unterzeichnung des Assoziierungsabkommens näher rückte, forderte Kommissionspräsident Barroso bei einem Gipfeltreffen in Kiew am 25. Februar 2013, dass »die Ukraine ihre europäische Wahl treffen« müsse. Dies sollte sich als Auslöser eines folgenreichen Missverständnisses erweisen.

Barrosos Äußerung wurde in Moskau so verstanden, als werde Druck auf die Ukraine ausgeübt, sich nun endgültig für den Westen zu entscheiden. Die Reaktion war massiv. Russland drohte offen mit umfassenden Handelssanktionen und Importsperren, sollte die Ukraine das Abkommen mit der EU eingehen. Der russische Zoll erklärte sämtliche Importgüter aus der Ukraine zur »Risikoware«, Import und Transit bestimmter ukrainischer Güter wurden untersagt. Gazprom erhob Nachforderungen in Höhe von 1,3 Milliarden US-Dollar für bereits geliefertes Gas. Am 21. November 2013, kurz vor der geplanten Unterzeichnung des Abkommens, ging die ukrainische Führung in die Knie und sagte ab. Präsident Janukowitsch wurde hierfür reich belohnt: Während eines Besuches in Moskau am 14. Dezember sagte die russische Regierung ihm attraktive Handelsvorteile zu, senkte den Gaspreis um ein Drittel und ließ Janukowitsch mit einem »an keine Bedingungen geknüpften« Kredit von umgerechnet 15 Milliarden US-Dollar nach Hause ziehen. Die Zinslasten sollten das gebeutelte Land bald drücken.

Doch der Präsident, der doch eigentlich versprochen hatte, die Assoziierung mit der EU fortzusetzen, hatte die Rechnung ohne sein Volk gemacht. Noch am Tag, als die Unterzeichnung abgesagt wurde, begannen in Kiew spontane friedliche Proteste, die sich bald ausweiteten. Als die Polizei eine gewaltlose Studentenkundgebung niederknüppelte, griffen die Proteste auf das ganze Land über. Im Winter schlugen die Demonstranten Zeltlager auf. Für Wladimir Putin war, wie er bei einem Besuch in Eriwan empört kundtat, klar, was geschah: Der Westen zettelte mal wieder eine »Farbrevolution« an. Seinem geheimdienstlich geprägten Denken schien es unvorstellbar, dass Menschen aus tatsächlicher Empörung über Missstände in ihrem Land oder eben, wie in der Ukraine, wegen gebrochener Versprechen ihrer Führung auf die Straße gehen. Wie es dem raffinierten Westen möglich gewesen sein soll, kurzfristig massenhafte Proteste anzuzetteln, die dann nach einem genau ausgeklügelten Plan zu dem vom Westen erwünschten Ergebnis führten, erschloss sich nur jemandem, der glaubt, die Welt funktioniere auf Knopfdruck.

Im Vorwurf, der Westen sei mal wieder an allem schuld, steckte natürlich auch ein Stück bewährter Polittechnologie: Wenn ich eine noch so beliebige Behauptung nur oft genug wiederhole, wird auf der anderen Seite das Fragen beginnen, ob nicht vielleicht etwas dran ist. Die Erde ist eine Scheibe! Irgendjemand wird schon sagen: »Lass uns besser noch mal nachschauen!« »Außenpolitik ist die Kunst, einem anderen so lange auf die Zehen zu treten, bis dieser sich entschuldigt«, hat Talleyrand einmal gesagt.

Seit dem 18. Februar 2014 eskalierte die Situation in der Ukraine dramatisch, in Kiew fanden mehr als hundert Menschen den Tod, unter ihnen auch Angehörige der Sicherheitskräfte. Als verantwortlich für die meisten Toten wurden Scharfschützen der Polizei ausgemacht, die gezielt auf die Protestierenden schossen. Ein Vermittlungsversuch der drei Außenminister Deutschlands, Polens und Frankreichs scheiterte, Präsident Janukowitsch floh aus dem Land und lebt seither in Russland im Exil, von seinen Moskauer Gönnern nie wirklich geachtet. Das Parlament in Kiew verabschiedete im Überschwang ein Gesetz, das die Sprachen der Minderheiten – darunter der russischen – diskriminiert hätte. Es scheiterte am Veto des Übergangspräsidenten und trat nicht in Kraft. Ende Mai 2014 wurde in einer ordnungsgemäßen, von der OSZE bestätigten Wahl Petro Poroschenko zum neuen Präsidenten der Ukraine gewählt.

Sanktionen

Die Annexion der Krim durch Russland löste weltweite Empörung aus. Jeder Staat spürte, was es bedeutete, würde man über eine so fundamentale Verletzung wichtigster Prinzipien des Völkerrechts hinweg zur Tagesordnung übergehen. Mit Rücksicht auf die jeweiligen Beziehungen zu Russland war es nicht jedem Staat möglich, sich eindeutig zu positionieren, doch die entsprechende Resolution der Vollversammlung der Vereinten Nationen, in der Russland verurteilt wurde, fiel überwältigend aus: 100 Stimmen dafür bei elf Gegenstimmen und 58 Enthaltungen.

Auf die Annexion der Krim – ein Gebiet fast so groß wie das Land Hessen – reagierte der Westen mit der Verhängung von Sanktionen. Die EU erstellte eine Liste mit Personen und Organisationen, die unmittelbar mit diesem völkerrechtswidrigen Akt in Verbindung gebracht wurden. Diese wurde fortwährend erweitert und umfasste ein Jahr später 150 Personen sowie 37 Institutionen und Unternehmen; die USA und andere Staaten veröffentlichten eigene Listen. Die Maßnahmen reichten von Einreise- und Durchreiseverboten über das Verbot von Geschäftsbeziehungen bis zum Einfrieren von Vermögenswerten. Nach dem Abschuss von Flug MH 17 wurden Ende Juli 2014 zusätzliche gezielte Wirtschaftssanktionen, ein Embargo für militärisch relevante Güter sowie Einschränkungen im Finanzsektor erlassen. Im Februar 2015 wurden die Maßnahmen auf die Anführer der Separatisten im Donbas und ihre russischen Unterstützer ausgeweitet. Zum Zeitpunkt der letzten Verlängerung der Sanktionen im September 2021 waren 177 Personen und 48 Organisationen sanktioniert. Russland reagierte mit eigenen Listen und einem Verbot des Imports westlicher Agrarerzeugnisse, was vor allem die russischen Verbraucher traf.

Im Rückblick kann man sagen, der Westen hätte sofort mit noch härteren Maßnahmen auf Russlands schweren Völkerrechtsbruch reagieren sollen. Doch am Ende waren sie das Ergebnis eines Kompromisses. Es war auch nicht leicht, im

Kreis der westlichen Partner Jahr für Jahr aufs Neue Einigkeit über die Verlängerung der Sanktionen zu erzielen. Im März 2015 hatte man sich darauf verständigt, dass sie bis zur vollständigen Umsetzung der Vereinbarungen von Minsk in Kraft bleiben sollten. Solange die völkerrechtlichen Straftatbestände bestehen blieben, war an eine Abschwächung der Maßnahmen nicht zu denken; auf der anderen Seite waren auch Forderungen nach Verschärfungen nicht durchsetzbar.

Viele führende Vertreter der deutschen Wirtschaft akzeptierten den Primat der Politik auch aus eigener Überzeugung. Völkerrecht gehe vor Profit, sagte der Präsident des Bundesverbandes der deutschen Industrie, Ulrich Grillo. Dessen Einhaltung sei ein nicht verhandelbarer Grundsatz. »Wir deutschen Industriellen sollten das den russischen Freunden und Partnern offen, ehrlich und vertrauensvoll sagen.« Aber in Kreisen der deutschen Wirtschaft und quer durch die Parteien war auch immer wieder Kritik an der westlichen Reaktion zu vernehmen. »Die Sanktionen bringen doch gar nichts!«, lautete ein Standardsatz. Eine solche Haltung übersieht, worauf Sanktionen zielen. Erstens natürlich darauf, dass der Sanktionierte seine Haltung ändert. Dieses Ziel ist schwer zu erreichen, aber es ist nicht aussichtslos. Der Erfolg hängt nicht zuletzt davon ab, wie massiv die Interessen der anderen Seite beeinträchtigt sind. Ein erfolgreiches Embargo war das gegen das Apartheid-Regime Südafrikas, das sich schließlich auf den Weg des nationalen Ausgleichs begab. Ein anderes Beispiel ist der Iran, der durch die massive Beeinträchtigung seiner Zahlungsströme dazu bewegt wurde, an den Tisch der Wiener Nukleargespräche zurückzukehren.

Zweitens hofft man durch die Androhung zusätzlicher Maßnahmen, Weiterungen eines Konfliktes verhindern zu können. Dies kann gerade dann Wirkung entfalten, wenn die angekündigte Reaktion nicht im Detail bekannt ist. Drittens sind Sanktionen schließlich auch ein Instrument, eigener Überzeugung Ausdruck zu verleihen – glaubwürdig vor allem dann, wenn dabei auch Nachteile für die eigene Wirtschaft in Kauf genommen werden. Es geht nicht darum, vom hohen Ross herab bestimmte Prinzipien dem anderen aufzuzwingen, sondern zu reagieren, wenn Regeln verletzt sind, die man gemeinsam vereinbart hat und die unverzichtbar sind, um ein friedliches Miteinander zu gewährleisten.

Das Minsker Abkommen

Angesichts der massiven Eskalation des Konfliktes im Donbas vermittelten Frankreich und Deutschland am 5. September 2014 ein erstes Abkommen zwischen der Ukraine, Russland und der OSZE, das sogenannte Minsker Protokoll, später allgemein »Minsk I« genannt. Vertreter der Separatisten wurden als Beobachter eingebunden. Anfang 2015 kam es erneut zu schweren Kampfhandlungen unter massiver Mitwirkung russischer Kräfte. Wieder schalteten Frankreich und Deutschland sich als Vermittler ein. Nach einer 16-stündigen Marathonverhandlung wurde am 12. Februar 2015 von Bundeskanzlerin Merkel, Präsident Hollande, Präsident Poroschenko und Präsident Putin ein Maßnahmenpaket zur Umsetzung des Protokolls unterschrieben, allgemein »Minsk II« genannt. Darin waren die Vereinbarungen vom September ausgebaut und ein Katalog von dreizehn, nun genauer definierten Maßnahmen vorgesehen, die zur Beendigung des militärischen Konfliktes und seiner politischen Lösung führen sollten. Nach einem Waffenstillstand und dem Abzug schwerer Waffen sollten Regionalwahlen durchgeführt werden; eine Verfassungsreform sollte die Ukraine stärker dezentralisieren und den abtrünnigen Gebieten einen besonderen Status innerhalb des Landes verleihen.

Das Minsker Abkommen diente seither als Fahrplan zur Lösung des Konfliktes. Erreicht wurde zumindest, dass die Kampfhandlungen abnahmen, wenngleich die Arbeit der OSZE-Beobachter, die den Prozess vor Ort überwachen sollten, ständig gestört, ihre Beobachtungsdrohnen abgeschossen wurden. Man sollte nicht sehen, was die neuen örtlichen Machthaber taten. Auch wenn eine Reihe praktischer Probleme gelöst werden konnte – in den umkämpften Gebieten des Donbas trug sich eine humanitäre Katastrophe zu.

Bis zuletzt beteuerte Wladimir Putin, sich an die Minsker Vereinbarungen halten zu wollen. Auf einer gemeinsamen Pressekonferenz mit Olaf Scholz am 15. Februar 2022 in Moskau wurde ihm die Frage gestellt, wie er mit einer Entscheidung der Duma umgehen wolle, die beiden »Volksrepubliken« auf dem Gebiet der Ukraine als unabhängige Staaten anzuerkennen – ein klarer Bruch des Minsker Abkommens. Es sei eine offene, freie Abstimmung in der Duma gewesen, betonte Wladimir Putin und fügte hinzu: »Wir müssen alles daransetzen, die Probleme des Donbas zu lösen. Aber das muss so geschehen, wie es vom Bundeskanzler bereits verlautbart wurde. Wir müssen davon ausgehen, dass die Möglichkeiten bei der Erfüllung der Minsker Vereinbarungen noch nicht ausgeschöpft sind.« Ohne dass in der Zwischenzeit irgendetwas geschehen wäre, vollzog Wladimir Putin sechs Tage später die

Anerkennung der »Volksrepubliken«. Drei weitere Tage später marschierten russische Truppen in die Ukraine ein.

Heute kann man sagen, dass Russland sich acht Jahre lang konsequent jeglicher Verantwortung für das Geschehen zu entziehen suchte. Dabei wäre es für Russland ein Leichtes gewesen, die Unterstützung der »Volksrepubliken« zu beenden, die nur von Russlands Gnaden existierten und ihren Krieg führen konnten. Man leugnete, Konfliktpartei zu sein, stilisierte sich stattdessen zum Vermittler und versuchte, Kiew dazu zu verpflichten, anders als im Minsker Abkommen vorgesehen, alle Fragen direkt mit den Separatisten zu regeln.

In der Ukraine war das Minsker Abkommen in hohem Maße unpopulär, man fühlte sich erpresst, denn es war »unter laufendem Feuer« verhandelt worden. Milizen hatten noch drei Tage nach Abschluss des Abkommens und der Vereinbarung eines endgültigen Waffenstillstandes das strategisch wichtige Debalzewe zwischen Luhansk und Donezk angegriffen und ukrainische Regierungstruppen vertrieben. Die Umsetzung des Abkommens wurde von vielen als einseitige Erfüllung russischer Forderungen, ja als Verrat gesehen. Sollte es zu der im Abkommen festgeschriebenen weitgehenden Dezentralisierung des Landes kommen, so die Befürchtung, bekäme Russland über die Donbas-Region weitgehende Mitspracherechte am künftigen Weg der Ukraine – es hätte den »Fuß in der Tür«.

So wurde es sowohl für Präsident Poroschenko wie auch für seinen Nachfolger Wolodymyr Selenskyj schwer, die Rada, das ukrainische Parlament dazu zu bewegen, Gesetze zu verabschieden, um den ukrainischen Teil der Verpflichtungen umzusetzen. Da Kiew »nicht lieferte«, gelang es Moskau in der

Tat nicht, sein wohl wichtigstes Ziel zu erreichen, dauerhaft Einfluss in der Ukraine nehmen zu können. Stattdessen wuchs die Entfremdung zwischen Russland und der Ukraine, die sich nur umso entschlossener Richtung Westen wandte.

Zugleich wurde von Kiew wenig unternommen, jene Menschen, meist russischsprachige Ukrainer, für sich zu gewinnen, die in den Gebieten des Donbas lebten, die nicht unter Kontrolle der »Volksrepubliken« standen. Und die ein oder andere großspurige Äußerung in Kiew gab Moskau willkommenen Anlass, immer wieder mit dem Finger auf die Ukraine zu zeigen. Die Unterlassungen Kiews bei der Umsetzung des Abkommens seien schuld daran, dass der Krieg im Südosten des Landes nicht zu Ende gehe – ein Krieg, der von Moskau dauerhaft befeuert wurde.

AUSWEITUNG DES KONFLIKTS

Russlands Eingreifen in Syrien 2015

Ein gutes Jahr nach dem Beginn des Ukraine-Konfliktes war man in Moskau zu dem Schluss gekommen, dass dieser sich nicht so rasch nach den eigenen Vorstellungen würde beenden lassen. Unterschätzt hatte man nicht zuletzt die Geschlossenheit und Entschlossenheit des Westens. Der Konflikt war teuer, und Russlands wirtschaftliche Lage entwickelte sich dramatisch schlecht. Statt auf die andere Seite zuzugehen, um eine Lösung zu finden – dies wäre nach russischem Verständnis ein Zeichen von Schwäche gewesen –, suchte man sich ein Feld scheinbar gemeinsamen Interesses, schuf Fakten, um die weitere Entwicklung zu bestimmen, und appellierte dann an die andere Seite mitzuziehen. Der internationale Terrorismus erschien Moskau als ein gutes Thema – und Syrien als ein aus mehreren Gründen geeignetes Handlungsfeld.

Russlands Verbündeter im Nahen Osten, Baschar al-Assad, war in großer Bedrängnis. Friedliche Demonstrationen gegen seine Herrschaft hatte der syrische Diktator brutal niederschlagen lassen, der Protest schlug um in einen bewaffneten Aufstand. Im Sommer 2015 stand Assad mit dem Rücken zur Wand. Damit waren auch Interessen Russlands bedroht, das den Hafen von Tartus als Operationsbasis im Mittelmeer nutzte. Ein erfolgreiches russisches Eingreifen, so die Überlegung in Moskau, würde Assad stabilisieren und Russlands Einfluss in der Region stärken. Damit würde man möglicherweise auch den amerikanischen Einfluss im Nahen Osten zurückdrängen können.

Im weiteren Verlauf des Krieges sollte Moskau der Machtwechsel in Washington im Januar 2017 zugutekommen. Schon die Ankündigung Donald Trumps im Wahlkampf, sich nach Möglichkeit aus allen laufenden Konflikten zurückziehen zu wollen, hatte ein Machtvakuum geschaffen. Die russische Politik mag ursprünglich gar nicht so weitgehende Ziele verfolgt haben, wie sie von ihr in Syrien und der gesamten Region später durchgesetzt wurden. Sie wird sich verschiedene Optionen zurechtgelegt haben, um dann nach dem bekannten russischen Muster zu verfahren: »Mal sehen, was geht«. Was geht, hängt entscheidend von der Reaktion der anderen Seite ab – in diesem Fall der USA, die Russland das Feld räumten. Immer wieder wird deutlich: Es gilt, einer ausgreifenden Politik Moskaus klare Grenzen zu setzen, entschlossen und unzweideutig Konsequenzen ihres Handelns aufzuzeigen und dann auch zu reagieren. Für den Konflikt, dessen Opfer die Ukraine seit 2014 ist, galt und gilt das Gleiche.

Mit seinem Eingreifen verwies Russland zugleich den Iran ein Stück weit in die Schranken, der im Syrien-Konflikt eine ungute Rolle spielte. Dies kam auch Israel zugute, das immer wieder Opfer von Angriffen der von Iran unterstützten Hisbollah-Milizen geworden war. Nicht zuletzt war entschlossenes außenpolitisches Handeln geeignet, die Aufmerksamkeit der Russinnen und Russen von den wirtschaftlichen und sozialen Schwierigkeiten abzulenken, die sich durch die Sanktionen des Westens verschärft hatten.

Kurzum, man wollte heraus aus der Ecke des sanktionierten Paria im festgefahrenen Ukraine-Konflikt und zurück auf die internationale Bühne. So befremdlich dies für uns klingen mag: Das russische Eingreifen im Syrien-Konflikt war auch ein – verkapptes – Angebot an den Westen. Das offizielle Russland hätte dies vehement bestritten. Doch selbst Moskauer Analysten, die im Prinzip auf Kreml-Linie waren, bestätigten, dass es sich um ein Angebot »à la russe« handelte: eine Offerte, nicht leicht als solche zu erkennen. Aber für den Westen war das »Angebot« unannehmbar: einen verbrecherischen Diktator als »kleineres Übel« zu akzeptieren, ihn durch brutale Kriegführung an der Macht zu halten und jeden seiner Gegner unterschiedslos als »Terroristen« zu töten.

Am 30. September 2015 lief eine gewaltige Militäraktion an. Bald wurde klar: Russland bekämpfte nicht allein die Terrororganisation »Islamischer Staat«, sondern eben auch, mit gezielten Schlägen, die syrische Opposition. Und wo nötig auch mit einer Vernichtungskraft, die sich unterschiedslos gegen alle richtete – die grausame Bombardierung Aleppos wurde zum Sinnbild hierfür. Millionen von Syrerinnen und Syrern machten sich auf die Flucht, Europa sah sich vor Herausforderungen ungekannten Ausmaßes gestellt, unter den Mitgliedstaaten kam es zum Streit über Aufnahme und Verteilung. Eine willkommene Gelegenheit für die russische Propaganda, hiervon düstere Bilder zu zeichnen und den Bürgern Russlands vor Augen zu führen, wie gut es ihnen doch ging.

Bei seinen Operationen in Syrien griff Russland erstmals nennenswert auf Söldnertruppen zurück, die sich ihren Lohn oft vor Ort erwirtschaften – beispielsweise durch Beteiligung an den Rohstoffeinnahmen ihrer Einsatzländer. Bis zu 3000 russische Kämpfer der »Gruppe Wagner«, so wird geschätzt, halfen dabei, das Assad-Regime an der Macht zu halten. In weiteren Einsätzen in verschiedenen Ländern Afrikas haben sie sich seither einen unrühmlichen Namen gemacht, als »modernes« Instrument einer russischen Kriegführung, die sich gerne von ihren Vollzugsgehilfen distanziert.

Neben dem Erfolg, durch sein Eingreifen zum wichtigen Mittler im Nahen Osten geworden zu sein, hatte der Einsatz noch einen weiteren positiven Effekt für Wladimir Putin. Er bot ihm eine wertvolle Gelegenheit, die Streitkräfte zu testen. In einem Interview mit der »Financial Times« vom Juni 2019 nahm der Präsident kein Blatt vor den Mund. Er wolle ganz offen über die Ertüchtigung der russischen Streitkräfte durch den Syrien-Einsatz sprechen. Sie hätten in Syrien »praktische Erfahrungen gemacht, wie ihnen dies bei Manövern in Friedenszeiten nie möglich gewesen wäre«. 86 000 Soldaten und 460 Generäle hätten in Syrien Gefechtserfahrung gesammelt, teilte das russische Verteidigungsministerium Anfang 2019 mit. Die Zahl dürfte sich danach weiter erhöht haben. Beim Einsatz gegen die Ukraine wird es praktisch keinen russischen Kampfpiloten gegeben haben, der nicht in Syrien im Einsatz gewesen ist.

Doch sollte die russische Führung geglaubt haben, ihre Streitkräfte durch den Syrien-Krieg für andere Einsätze, insbesondere den Krieg gegen die Ukraine »ertüchtigt« zu haben, so wäre sie einem Trugschluss erlegen: Über dem Nahost-Staat und seinen wehrlosen Menschen regneten die russischen Bomben und Raketen ab wie auf einem Truppenübungsplatz, keine funktionierende Luft- oder Raketenabwehr hinderte die russischen Militärflugzeuge an ihren Einsätzen und die Raketen an ihren Einschlägen. Gegen Oppositionelle und sich teils untereinander bekämpfende Milizen und Bürgerkriegstruppen vorzugehen, ist etwas völlig anderes als der Kampf gegen die Armee eines Landes, das um seine Existenz ringt und erbitterten Widerstand leistet.

Am Vorabend des Krieges

Der Krieg in Syrien verdrängte den Konflikt, dessen Opfer die Ukraine geworden war, eine Zeit lang aus der öffentlichen Aufmerksamkeit. Mit den Abkommen von Minsk war es gelungen, zumindest das schlimmste Töten zu beenden, auch wenn weiterhin fast Tag für Tag Menschen starben. Eine Reihe konkreter Probleme konnte bewältigt werden – Wasserversorgung, Rentenzahlungen, Instandsetzung von Infrastruktur. Doch der politische Kern des Problems blieb ungelöst. War schließlich einmal ein Waffenstillstand verabredet, behauptete stets die eine Seite, die andere habe die Vereinbarungen verletzt.

In immer neuen Gesprächsrunden, bilateral und im sogenannten Normandie-Format, bemühten sich Diplomaten und Politiker Frankreichs, Deutschlands, Russlands und der Ukraine bis hinauf zu den Staats- und Regierungschefs um Fortschritte, diskutierten teils kleinste rechtliche und geografische Details. Unzählige Gespräche habe ich in Moskau geführt, um mich diesem dominierenden Thema der Zeit zu widmen. Russland tat nichts, den Konflikt zu lösen. Als ich Wladimir Putins außenpolitischen Berater Juri Uschakow einmal fragte, warum eigentlich immer die Bundeskanzlerin in Moskau anrufen und sich um Lösungsfortschritte bemühen müsse und ob nicht auch der russische Präsident einmal zum Hörer greifen könne, meinte er empört: »Machen Sie Witze?!?« Moskau tat so, als sei es unbeteiligt. Andererseits bezichtigte man ständig die Ukraine, an allem und jedem schuld zu sein.

Auch jenseits des Konfliktes mit Russland bemühte die deutsche Politik sich in den folgenden Jahren, die Ukraine zu unterstützen. Deutschland wurde zum weltweit größten bilateralen Geber, mehr als zwei Milliarden Euro flossen, hinzu kamen Beiträge, die Deutschland als größter Beitragszahler über die EU leistete und ein Rahmen für Kreditgarantien. In der bilateralen Entwicklungszusammenarbeit unterstützte Deutschland die politische und wirtschaftliche Transformation der Ukraine, mit Schwerpunkten bei nachhaltiger Wirtschaft, Demokratie und Zivilgesellschaft, Energieeffizienz und Stabilisierung der Ost-Ukraine. Die deutsch-ukrainische Energiepartnerschaft nahm sich zum Ziel, die Ukraine dabei zu unterstützen, unabhängiger zu werden von fossilen Energieträgern, erneuerbare Energien und Energieeffizienz zu fördern und das große Potenzial des Landes im Bereich der Wasserstoffgewinnung zu nutzen. Zugleich gelang es 2019 aufgrund deutscher Vermittlung, einen neuen Vertrag über den Transit russischen Gases durch die Ukraine nach Westeuropa abzuschließen, eine für das Land wichtige Einnahmequelle. Leicht war die russische Seite dabei nicht zu überzeugen; sie verwies auf die veralteten Pipeline-Systeme und die Kosten des Transits. Über siebzig deutsch-ukrainische Städtepartnerschaften stärkten den zivilgesellschaftlichen Austausch zwischen beiden Ländern. Doch als Russland 2022 die Ukraine überfiel und Deutschland sich schwertat, dem bedrängten Land auch militärisch zu helfen, geriet alle Unterstützung vergangener Jahre in den Hintergrund.

Die Geschlossenheit westlichen Handelns wurde erschwert, als 2017 Donald Trump Präsident wurde. Er überzog Russland aus einer Vielzahl von Gründen mit immer neuen Maßnahmen, die nun tatsächlich Strafen und nicht länger Instrumente der Politik waren. In Washington wurden überdies Stimmen laut, man solle die Ukraine militärisch wesentlich robuster unterstützen. Länder wie Deutschland und Frankreich lehnten es grundsätzlich ab, der Ukraine Waffen zu liefern, Großbritannien hielt am Grundsatz fest, keine tödlichen Waffen zu liefern.

Die substanziellste Hilfe kam aus den USA. Im Umfang von etwa zweieinhalb Milliarden Dollar wurden Rüstungsgüter zur Stärkung der ukrainischen Verteidigungsfähigkeit geliefert, seit Beginn der Trump-Administration auch schlagkräftigere Abwehrwaffen: Panzerabwehrraketen des Typs Javelin, Scharfschützengewehre, Panzerfäuste und ausgemusterte Patrouillenboote der US-Küstenwache.

Der Kern der Unterstützung, die der bedrohten Ukraine nach 2014 aus Ländern der NATO im Übrigen bereitgestellt wurde, bestand aus Ausbildung, Stärkung der Aufklärungsfähigkeit und der Abwehr gegen Cyberangriffe, medizinischer Ausrüstung, Mitteln zur sicheren Kommunikation und zur Luftraumüberwachung. Die Ukraine sollte sich gegen einen erneuten russischen Angriff schützen können – nicht mehr und nicht weniger. Eine angebliche ukrainische Offensivmacht existierte ausschließlich im Kopf des russischen Präsidenten und in den Behauptungen seiner Propaganda.

Wäre die Ukraine seit 2014 entschlossener in die Lage versetzt worden, sich gegen einen möglichen russischen Angriff zu verteidigen, hätte Russland vielleicht von seinem Angriff 2022 abgesehen. Oder auch nicht – denn wie sich zeigen sollte, unterlag Wladimir Putin einer doppelten Fehleinschätzung: hinsichtlich der Stärke und Widerstandsbereitschaft der ukrainischen Streitkräfte, getragen von der Bevölkerung, und hinsichtlich der realen Defizite und Schwächen seiner eigenen Armee. Bis zum 23. Februar 2022 war übrigens, nicht nur in der deutschen Debatte, immer wieder zu hören, eine militärische Ertüchtigung der Ukraine reize Russland bloß.

Wo die Debatte in Deutschland vor der russischen Aggression stand, zeigte eine Äußerung des Grünen-Spitzenpolitikers Robert Habeck im Bundestagswahlkampf 2021. Seine Forderung, Deutschland solle der Ukraine Defensivwaffen liefern, ging in einem Hagel von Kritik und Empörung unter, nicht nur aus seiner eigenen Partei. Keine Waffen in Konfliktgebiete zu liefern, war ein fester Glaubenssatz der deutschen Nachkriegspolitik. Und ein Tabuthema. Der Halbsatz »in Anbetracht unserer Vergangenheit« war zu einem so übergroßen Argument geworden, dass eine Debatte nicht möglich war. Es bedurfte erst der sehr harten Landung in einer schrecklichen Wirklichkeit, um hieran etwas zu ändern. Ähnliches gilt für Ausgaben zu unserer Verteidigung und der unserer Partner.

Wie blickte Russland nach 2014 auf die Zukunft der Ukraine? In einem Interview mit dem österreichischen Fernsehen sagte der russische Präsident im Juni 2018, es sei allein Sache »des ukrainischen Volkes und seiner legitim gewählten Staatsorgane«, über den Neutralitätsstatus des Landes zu entscheiden. Von daher hätte er auch akzeptieren müssen, dass die Rada im Februar 2019 beschloss, in der ukrainischen Verfassung eine »strategische Orientierung der Ukraine zum vollständigen Beitritt zur EU und der NATO« festzuschreiben. Man mag darüber diskutieren, ob dies eine sinnvolle oder politisch kluge Entscheidung war. Doch dies war nun einmal die Mehrheitsentscheidung eines demokratisch gewählten Parlaments in einem Land, das Opfer russischer Aggression geworden war. Für Wladimir Putin dürfte diese Änderung der ukrainischen Verfassung zu seiner Entscheidung beigetragen haben, den Konflikt zu eskalieren.

Drei Monate nach jener Verfassungsänderung kam es in der Ukraine zu einem demokratischen Machtwechsel: Am 20. Mai 2019 wurde Wolodymyr Selenskyj Präsident. Zu seinen Wahlversprechen hatte es gehört, den Konflikt mit Russland mit anderer Entschlossenheit und neuer Bereitschaft lösen zu wollen. Als ich mich wenige Tage später mit Präsident Putin zum Gespräch traf, um mich aus Russland zu verab-

schieden, war natürlich auch der Ukraine-Konflikt Thema.
Ob die Wahl des neuen Präsidenten nicht eine gute Gelegenheit für das große Russland wäre, auf den kleineren Nachbarn zuzugehen, ob er nicht die Bereitschaft zum Gespräch mit seinem neuen Amtskollegen signalisieren und damit eine Geste machen wolle, fragte ich ihn. »Aber der redet feindselig!«, erwiderte Wladimir Putin. Russland hatte gerade verkündet, den Bewohnern des Donbas russische Pässe auszustellen, was von vielen, auch dem neuen ukrainischen Präsidenten, als Provokation gesehen und kritisiert wurde. Und entschieden und wie so häufig drastisch fügte Wladimir Putin in unserem auf Deutsch geführten Gespräch hinzu: »Er soll es von Anfang an richtig machen. Oder er soll Sch... machen!« Der junge Mann in Kiew hatte es ganz offensichtlich an Respekt mangeln lassen und an der Gefügigkeit, die sich für das Staatsoberhaupt eines kleineren Nachbarlandes und ehemaligen Teils des Russischen Reichs gehörte.

Insgesamt erweckte der russische Präsident noch den Eindruck, lösungsbereit zu sein. Anerkennend und beeindruckt äußerte er sich zum Einsatz der Bundeskanzlerin – der »eisernen Kanzlerin«, wie er sie nannte. Nüchtern, hartnäckig und ohne jede Naivität hatte sie sich immer wieder um Fortschritte bemüht. »Minsk« bleibe der richtige Weg, sagte er. Bezüglich der Krim, meinte ich, müsse man sich einstweilen darauf verständigen, sich derzeit nicht einig zu sein. Wladimir Putin zögerte einen Moment. Doch dann erwiderte er: »Genau!«

Die deutschen und französischen Bemühungen, im Normandie-Prozess mit Russen und Ukrainern zu Lösungen zu kommen, hatten zumindest für eine gewisse Stabilität gesorgt. Doch Russland hörte nicht nur auf, die Ukraine zu bezichtigen, einer Beendigung des Konflikts im Wege zu stehen, Wladimir Putin zog zunehmend auch die Legitimität der Führung in Kiew in Zweifel, die er als eine Art »fünfte Kolonne« der NATO, als »drogenabhängig«, »homosexuell« und in jeder Hinsicht korrupt bezeichnete. Und er machte sich zum Fürsprecher der angeblich wahren Interessen des ukrainischen Volkes.

Im Dezember 2019 kam es in Paris noch einmal zu einem Treffen des Normandie-Formats auf Ebene der Staats- und Regierungschefs, dem ersten unter Teilnahme von Präsident Selenskyj. Es sollte das letzte sein.

Der Truppenaufmarsch

April 2021: Europa empörte sich darüber, wie Kommissionspräsidentin Ursula von der Leyen bei einem Besuch in Ankara von Präsident Erdoğan im Sinne des Wortes »herabsetzend« behandelt und auf einer Couch de-platziert worden war. Kein anderes außenpolitisches Thema schien über Tage die Öffentlichkeit mehr zu bewegen als der Affront des türkischen Präsidenten.

Zur gleichen Zeit entstand im Osten Europas die Gefahr eines Krieges, die im Vergleich zu »Sofagate« irritierend wenig Beachtung fand: Russland verlegte Truppen auf die Krim und Richtung ukrainischer Grenze. Seit dem Höhepunkt der Kämpfe 2014 hatte es dort keinen vergleichbaren Aufmarsch gegeben. Moskaus Rhetorik: wie 2014. Man verfolge keineswegs böse Absichten, könne aber natürlich nicht tatenlos zusehen, wie russische Staatsbürger im Donbas – Bewohner, die man kurz zuvor zu russischen Bürgern gemacht hatte – bedrängt würden.

Was steckte hinter Putins drohender Gebärde? Die Stimmung im Lande war angesichts fortdauernder wirtschaftlicher Probleme schlecht, und im September standen Duma-Wahlen an. Mehltau hatte sich seit Jahren über das zunehmend autoritär regierte Land gelegt; schon zu meiner Zeit in Moskau machte das Wort von der »Breschnewisierung« die Runde. Die Repression gegen jeden, der auch nur annähernd eine abweichende Meinung vertrat, offenbarte, dass die Führung selbst ihre Macht gefährdet sah.

International lief es auch nicht gut. Wladimir Putin fühlte sich von den USA grundsätzlich schlecht behandelt – und aktuell auch respektlos: Präsident Biden hatte ihn wegen der versuchten Vergiftung Alexej Nawalnys durch den russischen Geheimdienst mit einem Nervenkampfstoff öffentlich einen »Killer« genannt. Die Europäer kritisierten die zunehmende Verfolgung der Zivilgesellschaft in Russland. Die Wasserversorgung der Krim vom ukrainischen Festland war desolat. Präsident Selenskyj hatte Russlands Herrscher damit provoziert, dass er gegen moskaunahe Oligarchen in der Ukraine vorging. Der ukrainische Präsident, angetreten, den Friedensbemühungen neuen Schwung zu geben, hatte sich zudem mit klarer Ansage immer mehr zum harten Kritiker Moskaus entwickelt. In ihn setzte der Kreml keine Hoffnungen mehr, sollte er solche je gehegt haben.

Im Krieg zwischen Aserbaidschan und Armenien hatte Russland, als Schutzmacht Eriwans, gegen eine entschlossen agierende Türkei den Kürzeren gezogen, Ankara war Baku mit Hochleistungsdrohnen zu Hilfe gekommen. Und Erdoğan hatte bereits in Aussicht gestellt, solche auch der Ukraine zu liefern. Der vermeintliche Freund war plötzlich nur noch Repräsentant einer ausgreifenden NATO.

Strategisch, auf lange Sicht, sah es noch schlimmer aus. Die Zeit arbeitete gegen Putins Russland. Alle zogen sie davon, wirtschaftlich und innovativ, der Westen Europas, Nordamerika, vor allem aber: China. Nicht dass es in Russland nicht auch wirtschaftliche Erfolgsgeschichten, Ausbau von Infrastruktur, Digitalisierung und wissenschaftlichen Fortschritt gab. Aber mit der Geschwindigkeit und der Dynamik der Transformation und Innovation in den übrigen Zentren der Welt konnte Russland immer weniger mithalten. Sein Wirtschaftsmodell war nicht zukunftsfähig, Reformen wurden angekündigt und versanken in Korruption, Bürokratie und der Erstickung privater Initiative. Wie lange noch würde man seinen Reichtum im Wesentlichen aus dem Verkauf fossiler Energieträger erzielen können, wenn man nicht gleichzeitig begann, die produktiven Kräfte des Landes zu entfalten? Vor allem die Westeuropäer, noch immer hungrige Abnehmer von Russlands Öl, Gas und Kohle, meinten es ernst mit dem Übergang zur Nutzung erneuerbarer Energien.

Doch das gegenwärtige Modell war eben eine ideale, weil leicht zu schröpfende Einnahmequelle für jene, die an den Töpfen der Macht saßen. Für die nächsten zehn, zwanzig Jahre könnte das reichen.

Russlands Aggression erklärte sich auch aus Russlands Schwäche.

Der Aufmarsch an der ukrainischen Grenze vom Frühjahr 2021 wurde zurückgenommen. Man sprach nun von einer »Übung« – und im Rückblick ist er wohl auch genau das gewesen: eine Übung zur Vorbereitung des tatsächlichen Angriffs am 24. Februar 2022.

Fünf Tage im Juni 2021 sollten Wladimir Putin noch einmal deutlich vor Augen führen, wie begrenzt sein Spielraum auf der internationalen diplomatischen Bühne inzwischen geworden war und dass seine Hoffnungen, den Westen – wie schon oft – auseinanderdividieren zu können, getrogen hatten. Der neue amerikanische Präsident Joe Biden besuchte in jenen Tagen Europa. Er absolvierte einen G-7-Gipfel, nahm an einem NATO-Treffen teil, traf sich mit der EU und führte zahlreiche bilaterale Gespräche. Seine Kernbotschaft lautete: »America is back« – »Amerika ist zurück«. Ein Aufatmen ging durch den von Donald Trump verunsicherten Westen. Die G 7 präsentierten sich als freiheitlicher Gegenentwurf zu den autoritären Großmächten, die USA bekannten sich zur transatlantischen Partnerschaft, störende Handelshemmnisse wurden aus dem Weg geräumt.

Den Abschluss von Joe Bidens Europa-Reise bildete ein Treffen mit Wladimir Putin in Genf. Ihm brachte der amerikanische Präsident eine klare Botschaft mit: »Jene sind unsere Verbündeten und wir ihre Führungsmacht. Störe unsere Kreise nicht.« Dem russischen Präsidenten muss klar geworden sein, dass Joe Biden bei seiner Tour durch Europa und beim Treffen mit ihm zugleich den Blick auf seine eigentliche, größte Herausforderung gerichtet hatte: China. Dafür wollte er Ordnung schaffen. Russland saß definitiv in der zweiten Reihe. In Peking mochte man dies ähnlich sehen.

Aktuell nicht zu lösende Probleme benannte Joe Biden klar. Zugleich versuchte er konstruktiv dort anzusetzen, wo Russland in eigenem Interesse auf internationale Zusammenarbeit angewiesen war: bei der Rüstungskontrolle, dem Klimawandel oder der Bekämpfung der Pandemie. Und der russische Präsident gab sich als Realpolitiker, bereit, den Weg mitzugehen. Kein Wort mehr über Bidens Rhetorik, Putin sei ein »Killer«.

Doch wenig später folgte das große Debakel des Westens: der ungeordnete, chaotische Rückzug aus Afghanistan. Dies musste Wladimir Putins Eindruck bestätigen, dass der Westen eben doch auf dem absteigenden Ast war. In Anbetracht aller Umstände war daher, in dieser Phase westlicher Schwäche, der geeignete Moment gekommen, selbst zu handeln – und sich mit jenem Mittel in der Arena zurückzumelden, das immer schon Gehör gefunden hat: mit der Androhung von Gewalt.

Der Zeitpunkt mag ihm auch sonst günstig erschienen sein. Präsident Biden, ohnehin von China in Beschlag genommen, war innenpolitisch mit den nächsten »Midterm-elections«, den Halbzeit-Wahlen von Teilen des Kongresses und von Gouverneuren, und den fortdauernden Herausforderungen durch Donald Trump beschäftigt, Präsident Macron steuerte auf eine schwierige Präsidentschaftswahl zu, Großbritannien hatte die EU verlassen, und Boris Johnson kämpfte zu Hause mit selbst gemachten Problemen. Der Westen insgesamt schien mit nichts anderem als der Corona-Pandemie beschäftigt.

Die Deutschen hatten eine neue Bundesregierung gewählt, und die war nicht nach Russlands Geschmack. Von Olaf Scholz wusste man, dass er nicht zu jenen Sozialdemokraten gehörte, die stets bereit waren, für jedes russische Agieren noch irgendwie Verständnis zu haben. Die Grünen, die wichtige Posten in der neuen Regierung besetzten, hatten stets enge Kontakte zur russischen Zivilgesellschaft, zu Menschenrechtsaktivisten und kritischen Intellektuellen unterhalten. Unter ihrer Ägide würde zudem die Wende Deutschlands hin zur Versorgung aus alternativen Energiequellen noch entschlossener vorangetrieben werden, würde Russlands antiquiertes Reichtums- und Bereicherungsmodell des Verkaufs von Öl, Gas und Kohle noch rascher in Schwierigkeiten geraten.

Putin hätte natürlich zuwarten können, bis die Rechte in Frankreich vielleicht die nächsten Präsidentschaftswahlen gewonnen und Donald Trump – oder eine ähnlich gestrickte Alternative – wieder im Weißen Haus gesessen hätte. Bis dahin hätte er in gewohnter Manier mit allen Mitteln der Diversion die inneren Gegensätze in westlichen Ländern anheizen und die Entwicklung in seine Richtung lenken können. Aber würde sich ein vergleichbar günstiger Moment so schnell wieder ergeben? Die Zeit drängte. Wladimir Putin beschloss zu handeln.

Seit dem Herbst 2021 mehrten sich die Meldungen über einen erneuten russischen Truppenaufmarsch entlang der ukrainischen Grenze. In den sozialen Netzwerken tauchten Bilder von Panzertransporten auf, Satellitenbilder zeigten wachsende russische Militärlager. Bald standen dort 100 000 und mehr russische Soldaten, teilweise von weit her gebracht – zum ersten Mal dünnte Russland seine Truppen an der Grenze zu China aus. Im Westen mehrten sich die besorgten Stimmen, zumal Wladimir Putin ein allzu vertrautes Argument in die Debatte brachte: Russland müsse sich vor einer Bedrohung aus dem Westen schützen. Er sah Russlands militärische Fähigkeiten bedroht, die konventionellen, aber auch seine nuklearen, und damit die strategische Stabilität. Nun verlangte er »verlässliche und langfristige Garantien« für Russlands Sicherheit.

Der Streit mit den USA um die Nuklearwaffen

Im Juni 2018 hatte Wladimir Putin in dem bereits erwähnten Interview mit dem österreichischen Fernsehen definiert, wo für ihn die rote Linie lag: »Für Russland ist vor allem wichtig, dass auf ukrainischem Gebiet keine militärischen Einrichtungen entstehen, die unsere Sicherheit gefährden könnten. Zum Beispiel neue Raketenabwehrsysteme, von denen die Wirksamkeit unseres Atomwaffenarsenals eingeschränkt würde.«

Schon früh hatte die russische Führung die geplante Aufstellung amerikanischer Raketenabwehrsysteme in Polen und Rumänien kritisiert. Die USA hatten unter Präsident George W. Bush begonnen, ein Rüstungsprogramm zu entwickeln, mit dessen Hilfe Interkontinentalraketen abgefangen werden können, die »Nationale Raketenabwehr« (National Missile Defense, NMD, kurz Missile Defense, MD). Es sollte Amerika und Europa vor Angriffen aus »Schurkenstaaten« wie dem Iran und Nordkorea schützen, so die US-Überlegung; es richte sich nicht gegen mögliche Angriffe der Nuklearmächte Russland oder China.

Dem Aufbau der MD war die Kündigung eines wichtigen Rüstungskontrollvertrages durch die USA vorausgegangen. 1972 hatten die Sowjetunion und die USA sich erstmals darauf verständigt, auch defensive Waffen zu begrenzen und einem Rüstungskontrollabkommen zu unterwerfen, dem Vertrag über die Begrenzung von antiballistischen Raketenabwehrsystemen, kurz ABM-Vertrag genannt. Diesen hatten die USA nach den Terroranschlägen vom 11. September 2001 gekündigt, um sich mit neuen Abwehrsystemen gegen befürchtete Angriffe aus eben jenen »Schurkenstaaten« schützen zu können. Präsident Bush hatte in diesem Zusammenhang darauf hingewiesen, dass auch Russland von solchen Angriffen bedroht sei. Wladimir Putin, der die USA in ihrem Kampf gegen den Terrorismus nach dem 11. September unterstützte, stimmte dieser Logik zu und erklärte, die Sicherheit Russlands sei nicht betroffen.

Doch die Kündigung des ABM-Vertrages sollte sich als Ursache wachsenden Misstrauens erweisen. Moskau stellte sich schließlich auf den Standpunkt, der neue Raketenschild habe vor allem Russland im Blick und mache die russischen Nuklearkapazitäten wertlos. MD zerstöre jenes strategische Gleichgewicht, das seit den Zeiten des Kalten Krieges funktioniert habe. »Es ist doch ein Leichtes, die Software auszutauschen«, hatte ich in Moskau wiederholt zu hören bekommen. Der Kreml befürchtete, MD-Abschussrampen könnten auch für amerikanische Marschflugkörper gegen Russland eingesetzt werden. Umfassende Erklärungen der USA, dass die MD-Systeme nicht geeignet seien, Russland zu bedrohen, schienen die Moskauer Zweifel nicht ausräumen.

Deutschland unternahm den Versuch, beide Seiten zusammenzubringen, und schlug konkrete Schritte der Vertrauensbildung vor. Dazu gehörte die Idee, eine Abwehr gegen Raketenangriffe aus »Schurkenstaaten« gemeinsam zu organisieren. Diese Bemühungen waren anfänglich nicht ohne Erfolg, endeten jedoch mit Russlands Angriff auf die Ukraine 2014. Seither äußerte Kiew die Hoffnung, die USA würden zum Schutz vor einem russischen Nuklearangriff eines ihrer Raketenabwehrsysteme auch in der Ukraine installieren.

2019 war ein weiterer wichtiger Baustein der Rüstungskontrolle gefallen: der 1987 geschlossene Vertrag über die
vollständige Beseitigung aller auf Land stationierten Nuklear-
raketen mit einer Reichweite von 500 bis 5500 Kilometer
(Intermediate-Range Nuclear Forces, INF). Der INF-Vertrag
war der erste Vertrag gewesen, mit dem die Sowjetunion und
die USA auf eine Waffenart vollständig verzichtet hatten.
Doch nach Ende des Kalten Krieges kamen auch andere Staaten in den Besitz entsprechender Raketen, so dass Wladimir
Putin auf der Münchner Sicherheitskonferenz am 10. Februar 2007 erklärte, der Vertrag befriedige nicht mehr die Interessen Russlands. Angesichts der Verbreitung dieses Waffen-
typs sei »offensichtlich, dass wir unter diesen Bedingungen
darüber nachdenken müssen, unsere eigene Sicherheit zu gewährleisten«. Seither bezichtigten sich Russland und die USA
gegenseitig, der jeweils andere verstoße gegen den Vertrag.

Während meiner Zeit als Botschafter in Warschau fand dort
im Mai 2013 eines der Treffen des von Deutschland initiierten
»Kaliningrader Dreiecks« statt. Bei diesen regelmäßigen Begegnungen kamen die Außenminister Russlands, Polens und
Deutschlands zusammen. Es ging diesmal auch um militärische Fragen, darunter um jene besagten Mittelstreckenrake-
ten. Im Gästehaus seines Außenministeriums beugte der polnische Außenminister Radek Sikorski sich weit über den Tisch
und sagte mit unübertrefflichem, selbstbewusstem Haifisch-
Grinsen zu Sergej Lawrow: »Sergej, wenn Ihr Iskander-Raketen im Kaliningrader Gebiet aufstellt, können wir nicht
länger Freunde sein!« Es war eine Konzession Sikorskis, vom
»Kaliningrader Gebiet« zu sprechen – bevorzugt man in Polen
doch unverändert die Bezeichnung »Okręg Królewiec« »Kö-

nigsberger Gebiet«. Nicht wegen der deutschen Vergangenheit, sondern weil auf der Vorlage zur grausamen Erschießung Tausender polnischer Offiziere und Intellektueller 1940 in Katyn auch die Billigung des sowjetischen Staatsoberhaupts Michail Kalinin vermerkt ist, nach dem die Stadt nach dem Ende des Zweiten Weltkrieges benannt wurde. Geschichte, überall Geschichte. Doch der polnische Außenminister wollte verstanden werden. Lawrow wich aus und verwies, wenig überzeugend, auf die Zuständigkeit des Verteidigungsministers für solche Fragen. Iskander-Raketen haben nach russischen Angaben eine Reichweite von knapp unter 500 Kilometer und würden damit unter den INF-Vertrag fallen, die NATO dagegen war überzeugt, dass sie weiter fliegen könnten. Stationiert im Kaliningrader Gebiet, Russlands Exklave im nördlichen Teil des früheren Ostpreußens, könnten sie das gesamte Baltikum, große Teile Polens, Teile Skandinaviens – und Berlin erreichen.

Die russischen Vorwürfe, die USA verletzten den INF-Vertrag, richteten sich gegen eben jene amerikanische Raketenabwehr, die seit 2016 zunächst in Rumänien und dann in Polen in Betrieb genommen wurde. Die Russen unterstellten dem System offensive Fähigkeiten. Die NATO ihrerseits hielt Russland vor, dass der neue russische Marschflugkörper, die modernisierte Version der Iskander (Typ 9M729), unter die Bestimmungen des INF-Vertrages falle. Russland sei in der Lage, mit diesen Raketen nun ganz Deutschland zu erreichen. Als Russland diese Fortentwicklung zu produzieren begann, kündigte Präsident Trump den INF-Vertrag. Mochte dieser zuletzt auch sehr löchrig gewesen sein, die Welt wurde mit dem Austritt der USA aus dem Vertrag nicht sicherer.

Da die Ukraine sich seit 2014 mit Macht nach Westen ge-
wandt hatte, ging die russische Führung davon aus, dies könne
gar nicht anders enden als in einer ukrainischen NATO-Mitgliedschaft. Um diese Sorge zu entkräften, verwies Bundeskanzler Scholz bei seinen Besuchen in Kiew und Moskau am
14. und 15. Februar 2022 daher mit großem Nachdruck auf
die 2008, vierzehn Jahre zuvor beschlossene »Hänge-Perspek-
tive« für die Ukraine. Eine NATO-Mitgliedschaft der Ukraine
stehe »nicht auf der Tagesordnung«. »Jeder weiß das ganz genau«, unterstrich er auf der gemeinsamen Pressekonferenz mit
dem russischen Präsidenten. Das sei kein Thema für ihrer
beider Amtszeit. »Ich weiß nicht, wie lange der Präsident vor-
hat, im Amt zu sein, aber ich jedenfalls habe das Gefühl, das
könnte länger dauern«, fügte er hinzu. Wladimir Putin quit-
tierte dies mit einem gequälten Lächeln.

Die Überzeugung des russischen Präsidenten, die NATO
werde in absehbarer Zeit aus der Ukraine heraus Russland
bedrohen, war zu diesem Zeitpunkt längst unumstößlich,
Bereits Ende November 2021 hatte er unmissverständlich
klargemacht, wie er die Dinge sah: »Es geht vor allem um das
Entstehen von Bedrohungen, die von diesem Territorium
ausgehen könnten. Wenn ein Gefechtssystem auf dem Gebiet
der Ukraine auftaucht, dann wäre die Flugzeit nach Moskau
sieben bis zehn Minuten.«

Weder seitens der NATO noch, national, seitens der USA
(MD) gab es entsprechende Pläne. Mit den bereits vorhandenen MD-Systemen in Polen und Rumänien – die wie gesagt aus US-Sicht rein defensiv und gegen Bedrohungen aus
Iran oder Nordkorea gerichtet waren – wäre es auch gar nicht
erforderlich gewesen, zusätzlich in der Ukraine solche Sys-

teme zu errichten. Hätten die USA oder Russland die Absicht verfolgt, einen Angriff mit Raketen vergleichbarer Bauart auszuüben, so hätten sich beide seegestützter Systeme bedienen können, die nicht unter den INF-Vertrag fielen. Wladimir Putins behauptete Befürchtung, Russland drohe demnächst mit Raketen aus der Ukraine heraus angegriffen zu werden, diente lediglich als Vorwand dafür, das Nachbarland »vorbeugend« angreifen zu können.

DIE ESKALATION

Moskaus Forderungskatalog

Am 17. Dezember 2021 legte Moskau den USA und der NATO Entwürfe für Verträge vor, die weitreichende, ultimativ formulierte Forderungen enthielten. Die Bedingungen waren ausschließlich an Russlands Interessen und zu dessen Gunsten ausgerichtet. Eine NATO-Erweiterung, insbesondere ein Beitritt der Ukraine zum Bündnis, sollte ausgeschlossen sein. Die westlichen Staaten sollten sich verpflichten, kein zusätzliches Militär und keine weiteren Waffen außerhalb jenes Gebietes einzusetzen, das die NATO im Mai 1997 abdeckte – also vor dem Beitritt der ostmitteleuropäischen Länder zum Bündnis. Ausnahmen sollten der Zustimmung Russlands bedürfen. Die NATO sollte künftig keinerlei militärische Aktivitäten in der Ukraine und anderen Staaten in Osteuropa, die nicht der NATO angehörten, sowie südlich des Kaukasus und in Zentralasien durchführen. Schließlich forderte Russland, dass keine Mittel- und Langstreckenraketen so stationiert werden dürften, dass sie das Gebiet der anderen Seite treffen könnten. Damit wäre ein Herzstück auch der deutschen Sicherheit betroffen gewesen: der amerikanische Nuklearschirm über Westeuropa.

Die westlichen Bündnispartner sahen sich außerstande, solche Forderungen zu erfüllen. Zwar war man sich mehr denn je im Klaren darüber, dass eine NATO-Mitgliedschaft der Ukraine in weite Ferne gerückt war, auch in Kiew war diese Einsicht gewachsen. Doch eine solche kategorisch auszuschließen, hätte das Recht der Ukraine beschnitten, über ihre Sicherheit souverän entscheiden zu dürfen. Gleiches galt im Übrigen nicht nur für Länder wie Moldau oder Georgien, sondern auch für Schweden und Finnland. Moskau hatte zwischen den Jahren unmissverständlich klargestellt, dass man auch diesen beiden Staaten eine NATO-Mitgliedschaft verwehren wollte. »Es ist ganz offensichtlich, dass ein Beitritt Finnlands und Schwedens zur NATO … ernsthafte militärische und politische Konsequenzen hätte, die eine angemessene Antwort von russischer Seite erfordern würden«, sagte am 26. Dezember 2021 Maria Sacharowa, die Sprecherin des russischen Außenministeriums. Versuche der NATO, beide Länder »in die Umlaufbahn ihrer Interessen und ihrer opportunistischen Politik zu ziehen«, seien von Russland nicht unbemerkt geblieben. Die schwedische Regierung hatte die Forderungen Moskaus vom 17. Dezember zuvor bereits abgelehnt; der Verzicht auf einen künftigen NATO-Beitritt würde die Möglichkeiten für unabhängige politische Entscheidungen einschränken. Auch die finnische Regierung bestand auf ihrem »nationalen Handlungsspielraum« einschließlich des Rechts, einen Antrag auf NATO-Mitgliedschaft stellen zu können.

Ein Rückzug von NATO-Soldaten und -Einrichtungen aus den Mitgliedstaaten in Ostmitteleuropa hätte diese militärisch entblößt und vor allem die kleineren unter ihnen einem möglichen russischen Angriff praktisch schutzlos ausgeliefert. Lettlands Armee umfasst 6500 Soldaten, Russlands fast eine Million. In der NATO-Russland-Grundakte von 1997 war geregelt, wie viele Soldaten des Bündnisses in den einzelnen Mitgliedstaaten entlang der russischen Grenze stehen dürften – es waren nicht viele. Die Grundakte hatte aber eben auch festgehalten, dass dies für »das gegenwärtige und vorhersehbare Sicherheitsumfeld« gelten sollte. Dieses war aus der Sicht vieler Mitgliedstaaten bereits 2014 durch die russische Aggression gegen die Ukraine vollständig verändert worden. Deutschland und einige andere Länder hatten darauf bestanden, dass die NATO die Grundakte dennoch weiter einhielt. Die einzige Änderung bestand nun darin, dass die NATO-Verbände in den ostmitteleuropäischen Staaten künftig rotierten. Präsident Trump hatte sich an diesen Kompromiss nicht länger halten wollen und 2020 seine Bereitschaft erklärt, in Polen substanzielle amerikanische Truppen zu stationieren. Warschau, unter der Regierung der PiS, war begeistert von der Aussicht auf ein »Fort Trump«. Auch wenn es dazu nicht kam, bedeutete es für Moskau eine weitere Irritation. Denn die russische Führung befürchtete stets nicht nur eine Schwächung ihrer nuklearen, sondern auch ihrer konventionellen Fähigkeiten: durch die dauerhafte Verlegung großer Truppenverbände, militärischen Geräts oder den Ausbau von Flughäfen in den ostmitteleuropäischen Staaten seitens des Westens. Hiervon hatte die NATO bislang abgesehen und hielt sich auch bis zum russischen Überfall auf die Ukraine 2022 an diese durch die NATO-Russland-Grundakte vorgegebene Beschränkung.

In den westlichen Hauptstädten begannen unmittelbar nach Bekanntwerden der Forderungen vom 17. Dezember intensive Beratungen darüber, wie auf die mit einer Drohung gegen die Ukraine unterlegten ultimativen Forderungen Wladimir Putins zu reagieren sei. Die Antwort der NATO setzte sich aus zwei Komponenten zusammen: Ein Staat darf nur selbst über seine Sicherheit entscheiden, und jegliche Aggression gegen die Ukraine wird schwerste wirtschaftliche und finanzielle Folgen haben. Seit Dezember 2021 konnte in Moskau also kein Zweifel über die möglichen Folgen eines Angriffs gegen die Ukraine bestehen.

Zugleich unterbreitete der Westen Russland Vorschläge für Verhandlungen zu zentralen Themen, die geeignet waren, russischen Sorgen Rechnung zu tragen: gegenseitige Inspektionen und weitere vertrauensbildende Maßnahmen sowie, vor allem, Gespräche über Rüstungskontrolle, was Trump abgelehnt´ hatte. Zudem könnten Militärübungen der USA und NATO in Osteuropa begrenzt werden. Dafür müsse Russland aber seine Drohungen gegenüber der Ukraine zurücknehmen und dieser ihren eigenen Weg lassen.

Hochrangige Diplomaten reisten nach Kiew und Moskau, am 10. Januar 2022 kam es in Genf zu einem achtstündigen Treffen der stellvertretenden amerikanischen Außenministerin Wendy Sherman mit ihrem russischen Amtskollegen Sergej Rjabkow. »Das Gespräch war schwierig, aber sehr tiefgründig und konkret«, sagte dieser anschließend. Man habe der US-Seite versichert, dass Russland keinen Überfall auf die

Ukraine plane. In Bezug auf wesentliche Forderungen Moskaus müssten jedoch Fortschritte erzielt werden.

Die russische Seite wurde nicht müde zu betonen, dass sie keinerlei Angriffsabsichten hege. Nikolai Patruschew, einer der engsten Weggefährten Wladimir Putins, früherer Geheimdienstchef und heute Sekretär des nationalen Sicherheitsrates, stellte Ende Januar kategorisch fest: »Wir wollen keinen Krieg, wir brauchen ihn überhaupt nicht.« Behauptungen, Russland bedrohe die Ukraine, seien »eine komplette Absurdität, es gibt keine Bedrohung«. Der Westen verbreite »eigennützige Erfindungen«, um Russland zu schaden. Das russische Außenministerium kritisierte westliche Medienberichte über russische Truppenaufmärsche scharf. »Der Hype in westlichen Medien um die russisch-ukrainischen Beziehungen hat einen Siedepunkt erreicht. Oder besser gesagt: ein extremes Stadium des Wahnsinns«, hieß es in einer Mitteilung. Solche Behauptungen fanden auch in den Debatten westlicher Länder Widerhall, Warnungen westlicher Geheimdienste vor einem bevorstehenden russischen Angriff auf die Ukraine wurden teilweise spöttisch kommentiert.

In Brüssel trat Mitte Januar zum ersten Mal seit Langem wieder der NATO-Russland-Rat zusammen. Außenministerin Baerbock erreichte bei einem Besuch in Moskau am 18. Januar 2022, bei dem sie nüchtern, klar und entschieden auftrat und es auch nicht an der Russland so wichtigen Empathie mangeln ließ, dass das Normandie-Format wieder zusammentrat, auf der Ebene der diplomatischen Berater der Staats- und Regierungschefs. In der ersten Februar-Hälfte reisten Präsident Macron, Bundeskanzler Scholz und andere hochrangige westliche Vertreter nach Moskau, Präsident Biden erklärte sich zu einem Treffen mit Wladimir Putin bereit. Außenminister Lawrow signalisierte, dass man an einer Fortsetzung der Gespräche interessiert sei, dass es jedoch unverändert darum gehe, Russlands Hauptforderungen zu erfüllen. Noch gab es Hoffnung, dass es den diplomatischen Anstrengungen des Westens gelingen könnte, eine drohende Eskalation zu verhindern.

Russland schickte seine kompetentesten Vertreter in die Gespräche, die Vizeaußenminister Sergej Rjabkow und Alexander Gruschko sowie den für politische Fragen zuständigen stellvertretenden Verteidigungsminister Alexander Fomin. In Moskau hatte ich alle drei persönlich schätzen gelernt. Die Linie ihrer politischen Führung vertraten sie stets konsequent und wo nötig hart, alle drei hatten jedoch den Blick für die großen Zusammenhänge und zeigten sich grundsätzlich bereit, dem anderen zuzuhören und ihn zu verstehen.

Ganz anders war die Delegation zusammengesetzt, die Russland nach Kriegsbeginn in die Gespräche mit der ukrainischen Seite entsandte. Zwar war Vize-Verteidigungsminister Fomin noch mit an Bord, doch geführt wurde die Delegation nun von Wladimir Medinski, Berater des Präsidenten für kulturelle Angelegenheiten und einer der Chefideologen des Kreml. Als Kulturminister hatte er eine chauvinistische Linie verfolgt und irrlichternde Positionen bezogen. Die Duma war in der Delegation durch den Vorsitzenden des Ausschusses für internationale Angelegenheiten vertreten, Leonid Sluzki von der rechtsnationalistischen Blockpartei LDPR, der eigentümliche Monologe schätzte, die ihn weder als sonderlich kenntnisreich noch kompetent in außenpolitischen Fragen auswiesen. Und das Außenministerium war nicht mehr durch

Rjabkow oder Gruschko vertreten, sondern durch den besonders hartleibigen Andrej Rudenko. Das ließ nichts Gutes hoffen, und der Verlauf der Gespräche sollte diesen Eindruck bestätigen.

Doch auch Gruschko und Rjabkow waren in ihren Gesprächen mit den westlichen Partnern in einer äußerst schwierigen Situation. Zwar konnten sie die Position ihres Präsidenten solide durchargumentieren, doch ganz offensichtlich hatten sie keine Vorstellung davon, wohin Wladimir Putin die russische Politik und das Land tatsächlich hinzuführen beabsichtigte. Sie waren ohne klares Mandat und nicht in der Lage, sich auf irgendwelche substanziellen Verabredungen einzulassen.

So muss es auch Sergej Lawrow ergangen sein. Noch am 14. Februar 2022 trug er seinem Präsidenten beharrlich die Auffassung vor, es gebe nach wie vor die Möglichkeit, die Krise auf diplomatischem Wege beizulegen. Obgleich die USA und ihre Verbündeten sich weigerten, auf die russischen Kernforderungen einzugehen, sollte der Dialog beibehalten werden, riet er Putin. Bei diesem vom Fernsehen übertragenen, eigentümlich wirkenden Gespräch mit seinem Präsidenten wird auch Lawrow nicht gewusst haben, was jener tatsächlich wohl bereits entschieden hatte. Er mag von der Hoffnung bestimmt gewesen sein, dass sein Präsident keine Entscheidung treffen möge, die es unmöglich machte, jene weitgesteckten Ziele zu erreichen, die auch er für richtig hielt. Eine Entscheidung, die nicht nur die Ukraine, sondern auch Russland ins Verderben führen könnte.

Der Überfall vom 24. Februar 2022

Wladimir Putin erweckte bis zum Schluss den Eindruck, er sei an einer diplomatischen Lösung interessiert. In seiner Pressekonferenz mit Bundeskanzler Scholz am 15. Februar 2022 wurde er gefragt, ob er jetzt, im Augenblick Krieg in Europa ausschlösse. Seine Antwort war klar: »Wollen wir das oder nicht? – Natürlich [wollen wir das] nicht. Gerade deshalb haben wir unsere Vorschläge unterbreitet, einen Gesprächsprozess zu starten.« Auch wenn die bisherige Antwort des Westens unbefriedigend sei, »gehen wir davon aus, dass die Dokumente, die unsere Partner aus der NATO, aus Washington uns übermittelt haben, doch einige Elemente enthalten, die verhandelt werden können«, wenngleich nur in einem Paket mit den grundsätzlichen Fragen, die für Russland von besonderer Bedeutung seien, wie er hinzufügte. »Wir hoffen …, dass sich der Dialog genau so gestalten wird.«

Bei gleicher Gelegenheit wiegte der russische Präsident die Weltöffentlichkeit ein weiteres Mal in Sicherheit, als er zu den Truppenkonzentrationen an der Grenze gefragt wurde: »Gerade vor der Pressekonferenz haben mich die Mitarbeiter der Präsidialadministration über den teilweisen Abzug unserer Truppen aus den Arealen unterrichtet, wo Übungen stattgefunden haben. Was gibt es hier zu kommentieren?«

Neun Tage später, ohne dass auch nur der Versuch unternommen worden wäre, den von ihm beschriebenen und gerade erst begonnenen Weg einer diplomatischen Lösung weiterzugehen, griff Wladimir Putin die Ukraine an.

Was folgte und was offenkundig selbst große Teile der politischen Führung seines Landes überraschte, war aus Wladimir

Putins Sicht nicht allein der Versuch, die Ukraine zu erobern, sondern, immer noch, die internationale Ordnung zu Russlands Gunsten zu wenden. Er muss geglaubt haben, durch eine schnelle Unterjochung der Ukraine – für ihn die Speerspitze westlichen Ausgreifens gegen Russland – den Druck auf den Westen so erhöhen zu können, dass dieser zu Konzessionen bereit sein werde. Ein fataler Trugschluss.

Wir sollten, wie gesagt, Wladimir Putins Handeln dennoch nicht für irrational erklären und es lediglich vom ausbleibenden Erfolg seines Angriffs her betrachten. Er folgte nur einer anderen Rationalität, auf der Grundlage einer falschen Einschätzung der Wirklichkeit. »Wir sind nicht dumm, wir denken nur anders«, hatte der erfahrene, in Sowjetzeiten gestählte russische Journalist Michail Gusman mir einmal gesagt. Und er hatte hinzugefügt: »Euer größter Fehler ist es zu glauben, wir hätten Gesetze. Wir kennen nur Gerechtigkeit.«

Dies dürfte in der Tat genau dem Denken Wladimir Putins entsprechen. »Napoleon hat einmal gesagt, die Gerechtigkeit sei die Inkarnation Gottes auf Erden«, äußerte er in einem Interview mit der »Bild«-Zeitung im Januar 2016. »Ich sage Ihnen: Die Wiedervereinigung der Krim mit Russland ist gerecht.« Legitimität ist für ihn wichtiger als Legalität. »Für mich sind nicht Grenzen und Staatsterritorien wichtig, sondern das Schicksal der Menschen.« In der gemeinsamen Pressekonferenz mit Bundeskanzler Scholz, wenige Tage vor der Invasion, meinte er genau das, als es mit kaum unterdrückter Wut aus ihm herausfuhr, »dass das, was im Donbas geschieht, heute Völkermord ist«.

Putins Denken in historisch-emotionalen Kategorien obsiegte. Zugleich fiel er zurück in einen großrussischen, imperialen Reflex. Indem er die Ukraine angriff, glaubte er sie heimzuholen in die Arme Russlands. Es durfte einfach nicht sein, dass Teile der alten Rus – die in Kiew entstand! – immer weiter von Moskau wegstrebten. In Belarus hatte er bereits die Schwäche des Minsker Diktators Lukaschenka ausgenutzt, um das Land, dem nach dem Ende der Sowjetunion kein Anschluss an die Moderne gelungen war, in seine Abhängigkeit zu bringen. Doch die Ukraine wollte sich Moskaus Herrschaft und Vorgaben nicht fügen; sie erlebte demokratische Machtwechsel und wirtschaftlichen Aufschwung und näherte sich der Europäischen Union an – und eben der NATO, so die Sicht des russischen Präsidenten. Aber Putins Herrschaft wurde nicht von der NATO bedroht, sondern von Freiheit und Demokratie, die im Nachbarland erfolgreich vorgelebt wurden, das seinen Weg 1992 am gleichen Punkt begonnen hatte wie Russland.

Die Antwort des Westens

Moskau wusste ziemlich genau, wie der Westen auf eine Aggression gegen die Ukraine reagieren würde. Die führenden Vertreter der westlichen Staaten und ihrer Bündnisse hatten hieran keine Zweifel gelassen und dreierlei deutlich gemacht: Die NATO würde in einen Krieg Russlands gegen die Ukraine nicht eingreifen; der Westen würde der Ukraine umfassend, auch mit Waffenlieferungen, beistehen; und Russland würde mit Sanktionen präzedenzlosen Ausmaßes konfrontiert werden.

Nach dem Angriff auf die Ukraine wurden sehr schnell wirtschaftliche und finanzielle Maßnahmen gegen Russland verhängt. Diese wurden auch von Ländern außerhalb von EU und NATO übernommen, so im Kreis der G 7 wie auch von der Schweiz oder Taiwan; die beiden Staaten sind im Finanzsektor beziehungsweise in der Halbleitertechnik führend, daher war ihre Teilnahme für die Wirksamkeit der Sanktionen wichtig.

Die Sanktionen gegen Russland 2022 überbieten diejenigen des Jahres 2014 um ein Vielfaches und sind geeignet, weit reichende Auswirkungen auf die wirtschaftlichen Verhältnisse Russlands zu haben. Eine solche Schädigung der Interessen seines Landes würde der russische Präsident am ehesten ernst nehmen, so die Überlegung, da dadurch seine eigene Macht unmittelbar bedroht sein könnte. Hatte die Staatengemeinschaft bisher die Haltung vertreten, es könne nicht darum gehen, die inneren Verhältnisse in Russland zu verändern, so stellt sie Putin diesmal vor die Wahl, genau das zu riskieren.

Drei Ziele wurden mit den Sanktionen ins Visier genommen:

Ziel 1: Die russische Führung sollte zur Verantwortung gezogen werden.

Die Liste der Sanktionen gegen Personen umfasste mehr als 650 Namen, darunter Wladimir Putin, Sergej Lawrow, die Mitglieder des nationalen Sicherheitsrates, hochrangige Militärs und Duma-Abgeordnete sowie zahlreiche der besonders Reichen des Landes, von denen man wusste, dass sie den Präsidenten und seine Umgebung wirtschaftlich stützten. Weitere kamen im Verlauf des Krieges hinzu. Ihre Vermögen wurden eingefroren, Geschäfte mit ihnen verboten, Einreiseverbote verhängt. Mit Ausnahme humanitärer und diplomatischer Flüge wurde der Luftraum für russische Flüge gesperrt. Die Sanktionen richteten sich auch gegen die Verbreitung russischer Desinformation und schlossen in zahlreichen Ländern ein Sendeverbot der staatlichen Propagandakanäle Sputnik und RT ein.

Ziel 2: Die Finanzierung des Krieges und des Regimes sollte getroffen werden.

Der russischen Staatsbank wurden Transaktionen verboten; der Handel mit neuen russischen Staatsschulden wurde ebenso untersagt wie die Vergabe von Krediten an den russischen Staat. Die wichtigsten russischen Banken wurden vom internationalen Zahlungsverkehrssystem SWIFT ausgeschlossen, ihr Vermögen eingefroren.

Untersagt wurden die Einfuhr russischer Eisen- und Stahlprodukte und Investitionen im russischen Energiesektor. Russland wurde nicht länger die sogenannte Meistbegünstigungsklausel der Welthandelsorganisation WTO gewährt, nach der jeder Staat von einem anderen zu den besten Bedingungen behandelt wird, die dieser einem Dritten gewährt.

Ziel 3: Der Zugang zu westlicher Technologie und Produkten aus dem Westen sollte verhindert werden.

Da die russische Wirtschaft im großen Umfang auf westliche Expertise und ausländische Produkte angewiesen war, um ihren Standard zu erhalten oder zu verbessern, wurden zahlreiche entsprechende Exporte verboten. Davon betroffen waren unter anderem Ausrüstung für den Öl- und Gassektor, Mikrochips und Technologie zur Navigation. Die Maßnahmen zielten auch auf die russische zivile Luftfahrt, die in großem Umfang westliche Flugzeuge einsetzte. Zudem wurde die Ausfuhr aller Dual-use-Güter untersagt, also von Gütern, die sowohl zivil als auch militärisch genutzt werden können.

Im Kreml glaubte man, die Sanktionen und ihre Auswirkungen »eingepreist« zu haben und die Menschen des Landes »um die Fahne scharen zu können«. Im Ergebnis der massiven und umfassenden Propaganda, mit der man die Bevölkerung seit Langem agitiert hatte, war man sich sicher, dass die meisten Menschen Sanktionen und deren Auswirkungen ähnlich sehen würden wie Wladimir Putin selbst: Wenn es um die Verteidigung Russlands ging, den Kampf um Ansehen und Größe, Stolz und Ehre, hatten solche Fragen zurückzustehen. Negative Effekte würden dem Westen und dessen bösen Absichten zugeschrieben werden können.

Schon seit 2014 hatten die Menschen gelernt, mit Einschnitten, Engpässen und Nachteilen umzugehen. Und insgesamt war die Situation im Russland des Jahres 2022 weit weg von der Realität zu Sowjetzeiten. Der Vorsitzende – so ein sarkastischer Witz jener Tage – ruft der versammelten Menge zu, man müsse den Gürtel enger schnallen, und jemand ruft von hinten: »Wunderbar! Wo gibt es Gürtel?!?«

Eine Reihe von Faktoren gestaltete die Situation in Russland nach Verhängung der Sanktionen jedoch schwieriger als von der Führung erwartet:

— Da liquide Mittel entscheidend wichtig sind, um sich die Zustimmung der Bevölkerung ständig zu erkaufen, hatte man sich enorme Finanzreserven zurückgelegt – 630 Milliarden US-Dollar. Geld, das man über die Jahre nicht in Rentenerhöhungen, Ausbau der Infrastruktur oder Bildung gesteckt hatte. Doch auf dieses Geld hatte man plötzlich nur noch beschränkt Zugriff.

2018 hatte die Staatsbank begonnen, ihre Reserven zu diversifizieren, die Abhängigkeit vom US-Dollar reduziert und stärker in Euro, Yen und chinesische Renminbi umgeschichtet. Doch dies half nun nicht; wie Finanzminister Anton Siluanow mitteilen musste, war mit Kriegsbeginn fast die Hälfte der Reserven blockiert. Der Westen unternahm zudem Anstrengungen, auch den Verkauf der großen russischen Goldreserven zu erschweren. Der Geldverkehr mit dem Ausland war extrem eingeschränkt, der Rubel stürzte ab und erholte sich erst wieder mithilfe massiver Stützung, wie auch die Moskauer Börse. Bezahlsysteme wie PayPal, Mastercard oder Visa funktionierten nicht mehr. Ende Juni drohte Russland ein ›technischer Staatsbankrott‹: Trotz vorhandener Devisenreserven war das Land offensichtlich nicht mehr in der Lage, Zahlungen auf Staatsschulden in Fremdwährung zu leisten – das erste Mal seit der Oktoberrevolution 1917.

— Die tatsächliche Widerstands- und Leistungsfähigkeit der russischen Wirtschaft war wohl insbesondere im Kreml überschätzt worden – auch dies zum Teil sicher Ergebnis vorauseilenden Gehorsams bei der Lagebeschreibung. Zwar war man stolz darauf, in einigen Bereichen durch »Importsubstitutionen« von Zulieferungen aus dem Ausland unabhängiger geworden zu sein. Dies hatte man nicht zuletzt dadurch erreicht, dass man ausländische Unternehmen, die in Russland verkaufen wollten, gezwungen hatte, auch im Land zu produzieren. Doch 85 oder auch 95 Prozent Eigenanteil bei der Fertigung eines Produktes helfen nichts, wenn am Ende die entscheidenden Halbleiter fehlen. Als sich abzeichnete, dass Ersatzteile für russische Flugzeuge ausländischer Produktion fehlen würden, begann man die Intervalle zu verlängern, in denen die Lufttüchtigkeit der Maschinen überprüft werden muss. Im Juni empfahl der Kreml, im Ausland gebaute, funktionstüchtige Flugzeuge für Ersatzteile auszuschlachten, damit die übrigen weiter betrieben werden könnten. Da viele russische Flugzeuge gleichzeitig in Russland und im Ausland registriert sind, rief dies die Internationale Luftfahrtorganisation (ICAO) auf den Plan, die Ende Juni die zuständigen Behörden aufforderte, das sich abzeichnende Problem bis zum 14. September zu beheben. Andernfalls drohe Russland die Einstufung als Land mit Flugsicherheitsproblemen. Zum Verbot der Ausfuhr bestimmter westlicher Güter kam verschärfend hinzu, dass wichtige internationale Transportunternehmen ihr Geschäft mit Russland einstellten, so dass es schwer werden würde, auch nicht sanktionierte Güter ins Land zu bringen. Auf Russland kamen Stagnation, eine Entkoppelung von der Weltwirtschaft und technologischer Rückstand zu.

– Von den angelegten Reserven abgesehen, schien die russische Politik auf die einsetzende Wirtschaftskrise nicht wirklich vorbereitet zu sein. Führende Wirtschaftsexperten des Landes warnten vor dem, was dann doch geschah:

ein Rückfall in alte sowjetische Reflexe wie Preiskontrollen, Subventionen und Quasi-Verstaatlichung ausländischer Betriebe. Administrative Maßnahmen traten an die Stelle eines Pakets zur Stimulierung der Wirtschaft, wie russische Analysten kritisierten. Die Regierung reagierte wie schon in der Coronakrise mit Steuererleichterungen, Aussetzung von Kreditrückzahlungen und Zusage günstiger Kredite. Maßnahmen, die geeignet sein können, einer vorübergehenden Situation zu begegnen, nicht jedoch als Antwort auf eine dauerhafte Veränderung, die die Staatsbank als weitgehenden strukturellen Umbau der russischen Volkswirtschaft prognostizierte – als »Perestroika«.

– Der sich hinziehende, für Russland unerwartet schlechte Verlauf des Krieges und die schrecklichen Bilder, die er produzierte, stärkten die Entschlossenheit des Westens und der mit ihm verbundenen Länder, sich Russlands aggressiver Politik mit immer neuen, einschneidenden Maßnahmen entgegenzustellen. Immer mehr ausländische Investoren verließen den russischen Markt, freiwillig oder unter Druck. Symbolträchtige Marken wie Adidas und Obi, McDonald's, Starbucks und Coca-Cola und sämtliche deutsche Autobauer zogen sich zurück oder fuhren ihre Produktion herunter. Die schrecklichen Nachrichten über das grausame Vorgehen der russischen Streitkräfte erhöhten den Druck auf westliche Unternehmen, die beschlossen hatten, die weitere Entwicklung einstweilen abzuwarten. Am 12. Mai teilte Siemens-Chef Roland Busch mit, dass das Unternehmen nach rund 170 Jahren der Tätigkeit in Russland sein Geschäft dort

einstellen werde. Im russischen Industrie- und Handels-
ministerium wurden derweil Pläne vorbereitet, für bestimmte Konsumgüter das Verbot von Grauimporten zu
lockern. Händlern würde es damit erlaubt, Markenpro-
dukte auch ohne Erlaubnis ihres Herstellers einzuführen.

Die Werkschließungen trugen zur steigenden Arbeitslosigkeit bei. Russland, so die Analyse westlicher Kon-
zerne, würde sich auch längerfristig als »uninvestable«
erweisen, eine Vielzahl von Gründen ließ es angeraten
erscheinen, dort auch in absehbarer Zukunft nicht mehr
tätig zu werden. Für viele Unternehmen war der russische
Markt einfach auch nicht bedeutend genug.

— In der schweren Wirtschaftskrise der neunziger Jahre hatte
es eine umfassende Bereitschaft des Westens und internationaler Institutionen gegeben, Russland zu unterstützen. Solche Hilfe wird diesmal ausbleiben, und die Kennziffern waren bald dramatisch. Für das laufende Jahr
wurde mit einem Einbruch des Bruttosozialprodukts von
bis zu 10 Prozent und mehr gerechnet, mit für die nächsten Jahre absehbar sehr niedriger Wachstumserwartung.
Allein in der ersten Woche des Krieges betrug die Inflation – innerhalb einer Woche! – 2,2 Prozent, es kam zur
höchsten Preissteigerung seit 1998. Besonders betroffen
sind mittelfristig die größeren Städte, in denen das Niveau
der Lebenshaltung und die Konsumgewohnheiten der
Menschen sich deutlich von denen des restlichen Landes
abgesetzt hatten. Auch die sogenannten Monostädte, die
in sowjetischer Zeit um einen einzigen großen Arbeitge-
ber herum entstanden, dürften die Auswirkungen deut-

lich zu spüren bekommen, sollte die Produktion ihres Betriebes von den westlichen Sanktionen betroffen sein.

Im Ergebnis des Krieges und der Sanktionen sank Russlands Stahlproduktion um fast ein Drittel, die von Holz um 80 %, die Bleiproduktion stand vor dem Aus und das staatliche Eichamt verweigerte die Exportlizenzen für Gold, da das Edelmetall sich nur mit erheblichen Abschlägen exportieren ließ. Weil westliche Komponenten fehlten, erlitt die Automobilproduktion dramatische Einbrüche – Lada verkaufte im Juni 2022 81,3 % weniger Fahrzeuge als im Juni 2021; die Baustoffindustrie teilte mit, dass ihre Unternehmen zu mehr als 70 % von importierten Maschinen abhängig seien. Wachsende Arbeitslosigkeit wurde teils durch Weiterbeschäftigung bei niedrigeren Löhnen kaschiert, die Reallöhne sanken nach Angaben des russischen Statistikamtes im April um 7,2 % und im Mai um 6,1 %. Zwar stieg der Handelsbilanzüberschuss Russlands erheblich – doch die Erklärung war einfach: der Wert des Exports von Rohstoffen war gestiegen und zugleich wurde wesentlich weniger importiert. Und die einstweilen hohen Gewinne aus dem Export fossiler Energieträger verstellten den Blick darauf, dass die Menge exportierten Gases und Öls zurückging.

– Mitte Juli unterzeichnete der russische Präsident ein Gesetz, das der Regierung »Spezialmaßnahmen« für Militäreinsätze im Ausland erlaubt. Einzelne Branchen können nun zur Belieferung der Streitkräfte verpflichtet werden, die Belegschaft zu Nacht-, Wochenend- und Feiertagsarbeit sowie zum Verzicht auf Urlaub. Es sei klar, dass die gegenwärtige Situation eine große Herausforderung für sein Land sei, räumte Wladimir Putin bei dieser Gelegenheit ein und gab sich zugleich unbestimmt zuversichtlich: »Während wir die kolossale Menge an Schwierigkeiten anerkennen, die vor uns stehen, werden wir intensiv und kompetent nach neuen Lösungen suchen.«

– Wenige Tage später bat die russische Eisenbahngesellschaft RZD die EU in einem ungewöhnlichen Schritt, die gegen sie gerichteten Sanktionsnahmen zurückzunehmen. Sie seien sozial ungerecht. Dass der russische Angriffskrieg ohne die Transporte der RZD von Soldaten, Panzern und anderen Militärgütern an die Front undenkbar war, blieb ausgeblendet.

IV

DIE FOLGEN DES KRIEGES

DIE ERSTEN WOCHEN DES KRIEGES

Als dieses Buch Ende August 2022 für eine weitere Auflage überarbeitet wurde, zeichneten sich immer mehr Folgen des russischen Kriegs gegen die Ukraine ab. Viele von ihnen sind zumindest zum Teil unabhängig davon, wie der Krieg enden wird.

Dass die »Sonderoperation« nicht so gelang, wie dies in Russland geplant und erhofft gewesen war, lag in erster Linie an einer Fehleinschätzung der russischen Führung, ihrer Militärs, Nachrichtendienste und Analysten. Restlos verkalkuliert hatte man sich in der Reaktion der Ukrainerinnen und Ukrainer. Schon 2014, nach der Eroberung der Krim, war uns in Moskau aufgefallen, dass die Stimmung im Nachbarland völlig falsch beurteilt wurde. Ständig war von den »ukrainischen Brüdern« die Rede, die unter einem illegitimen, durch einen Putsch an die Macht gekommenen Regime litten. In der Moskauer Führung hatte, so schien es, bald keiner mehr ein wirklichkeitsgetreues Bild vom Nachbarland, schon gar nicht davon, was die Menschen dort fühlten und dachten.

Zum Realitätsverlust des Mannes an der Spitze kamen eine offensichtlich mangelhafte Planung und Vorbereitung des offenbar als »Blitzkrieg« gedachten Überfalls. Nach anfänglichen Geländegewinnen kam die russische Invasion ins Stocken. Kreml-Sprecher Peskow räumte am 7. April, als der Krieg bereits sechs Wochen dauerte, in einem Interview ein: »Wir haben bedeutende Verluste, und das ist eine große Tragödie für uns.« Die ukrainischen Streitkräfte leisteten anhaltenden Widerstand, teilweise gelang es ihnen, von der russischen Armee besetztes Gelände zurückzugewinnen. Mit jedem Tag, an dem sie widerstanden, trieben die Ukrainer den Preis hoch, den Wladimir Putin am Ende würde zahlen müssen. Irgendwann musste er sich die Frage stellen, wie lange ein schlecht geführter Krieg mit hohen Verlusten sich zu Hause würde verkaufen lassen. Umso nachdrücklicher musste der Präsident daher auch behaupten, alles laufe nach Plan. »Die Arbeit läuft ruhig, rhythmisch, die Truppen bewegen sich und erreichen die Linien, die ihnen als Etappenziele vorgegeben wurden«, erklärte er am 30. Juni. An den russischen Kriegszielen in der Ukraine hatte sich nichts geändert, wie Nikolai Patruschew Anfang Juli erklärte: Die Menschen sollten »vor dem Völkermord durch das ukrainische Nazi-Regime« geschützt und »das Territorium der Ukraine entmilitarisiert und entnazifiziert« werden. Verhandlungen, die die russische Seite anbot, waren stets an eine Bedingung geknüpft: Die Ukraine müsse alle russischen Forderungen erfüllen – es würde also um ein russisches Diktat gehen, nicht um tatsächliche Verhandlungen. Und gleichsam als Drohung, sollte die Ukraine hierauf nicht eingehen, schob Wladimir Putin in einer Rede am 7. Juli nach: »Jeder sollte wissen, dass wir im Großen und Ganzen noch nicht richtig losgelegt haben.«

Klar war geworden: Der russische Präsident durfte diesen

Krieg nicht verlieren. Russland konnte unmöglich gegen das »kleine« Nachbarland den Kürzeren ziehen. Und Wladimir Putins Macht wäre auch zu Hause gefährdet gewesen. Also musste er diesen Krieg, der nicht gut für ihn verlief, eskalieren – mit unbarmherzigen Luftschlägen auch gegen die ukrainische Zivilbevölkerung, die er so zu demoralisieren hoffte.

Als der Krieg für Russland immer schlechter lief, schwenkte Wladimir Putin um. Er zog seine Truppen von Kiew und anderen Städten ab und konzentrierte seine Kräfte einstweilen auf die Eroberung der Schwarzmeerküste und der gesamten Oblaste Donezk und Luhansk, um diese den »Volksrepubliken« zuzuschlagen. Selbst das Ziel, zumindest einen größeren Teil des Ostens, bis zum Dnjepr und einschließlich der Hauptstadt zu besetzen, wurde nachrangig. Denn die Zeit begann zu drängen: Der Präsident dürfte darauf gehofft haben, am 9. Mai, dem »Tag des Sieges über den Faschismus«, seinem Volk einen Erfolg verkünden zu können.

Doch selbst das glückte nicht. Die vollständige Eroberung der Verwaltungsbezirke Donezk und Luhansk gelang bis zum 9. Mai ebensowenig wie die des Südens. Der russische Vormarsch war auch hier nicht wie erhofft vorangekommen. Aus Wladimir Putins Rede auf Moskaus Rotem Platz anlässlich der Truppenparade am »Tag des Sieges« sprach Ratlosigkeit: Kein Erfolg war zu verkünden, keine neue Botschaft an sein Volk, nur ein ›weiter so‹ – und ein Rückgriff tief in die Geschichte, bis hin zu den Anfängen der »alten Rus« um zu beschwören, wie sehr Russland stets bedroht gewesen sei und widerstanden habe. So wie man heute erneut der faschistischen Gefahr und der Bedrängung durch den Westen entgegentreten müsse, der anders als Russland alle traditionellen Werte verraten habe.

Selbst eine weitere Mobilisierung, wie viele Beobachter sie befürchtet hatten, erfolgte nicht. Im Kreml war man wohl zu dem Schluss gekommen, dass es besser wäre, die Zustimmung der Menschen im Land zum Krieg einstweilen nicht zu sehr auf die Probe zu stellen – oder sogar unterschwelligen Unmut in nicht-russischen Teilen des Landes anzustacheln. Ausdrücklich sprach Wladimir Putin davon, dass heute »unsere Kämpfer verschiedener Nationalitäten« gemeinsam kämpfen, um »die große, unzerstörbare Stärke unseres vereinten multinationalen Volkes« zu verteidigen. In einem ganz auf die Dominanz der Russen ausgerichteten Staat waren dies bemerkenswerte Töne. Erklären ließen sie sich daraus, dass andere Völker Russlands in diesem blutigen Krieg besonders hohe Opferzahlen zu verzeichnen hatten, so die Dagestaner im Kaukasus und die Burjaten im Fernen Osten.

Die sich abzeichnende Neuausrichtung der militärischen Ziele nach dem Scheitern des ersten Vorstoßes auf Kiew dürfte auch der Einsicht geschuldet gewesen sein, dass die Dinge in der Ukraine sich anders verhielten, als von Wladimir Putin vermutet. Man war eben nicht, um noch einmal Wolodymyr Selenskyj zu zitieren, auf Ukrainer gestoßen, die die Invasoren mit Blumen empfingen. Von Anfang an hatte sich die Frage gestellt, wie Russland das eroberte Land hätte unter Kontrolle halten wollen, ganz gleich, ob die Ukraine am Ende zu einem von Moskau abhängigen Vasallenstaat herabgesunken oder zu einem Teil Russlands erklärt worden wäre: Jede dieser Optionen hätte dauerhaften, aufwendigen und kostspieligen russischen »Schutz« verlangt. 38 Millionen Ukrainerinnen und Ukrainer hatten dreißig Jahre Freiheit erfahren und waren zusammengeschweißt in einer erbitterten Gegnerschaft gegen den Aggressor. Es drohte ein lang sich hinziehender Partisanenkrieg. Ganz gleich, wie dieser Krieg ausgehen würde, die Ukraine war Opfer, zerstört und verwüstet, ihre Städte und ihre Infrastruktur, ihre Industriebetriebe und ihre Stätten der Kultur. Getötete Zivilisten und gefallene Soldaten, Alte, die gehofft hatten, nie wieder einen Krieg erleben zu müssen, und Kinder, die die Schrecken der russischen Kriegführung hatten miterleben müssen und mit sich weitertragen würden. Schäden an Hab und Gut, an Leib und Seele.

Mit einem Verzicht darauf, das gesamte Nachbarland zu erobern und in dauerhafte Abhängigkeit zu schlagen, würde die Ukraine noch entschiedener nach Westen streben, von den Europäern hierin entschlossener unterstützt als zuvor. Damit hätte Russlands Präsident eines seiner wesentlichen strategischen Ziele verfehlt.

Eine unabhängige Ukraine würde vermutlich ein neutrales Land sein; der Kriegsausgang würde darüber entscheiden, wie gut diese Neutralität geschützt wäre. Was würde die Ukraine, was Russland durchsetzen können, wie stark bewaffnet würde das Land sein können und welche Rechte hätten Garantiestaaten? Zum Abschluss des G7-Gipfels in Elmau machte Bundeskanzler Scholz am 28. Juni klar, dass über diese Fragen im Kreis der westlichen Partner intensiv nachgedacht wurde – dass »wir erreichen wollen, dass die Ukraine ihre Unabhängigkeit und Souveränität verteidigen und dass sie ihre Zukunft als Demokratie sichern kann. (...) Natürlich gehören dazu dann auch vereinbarte Garantien vieler anderer. (...) Über diese sind wir schon seit Langem mit der Ukraine, aber auch untereinander im Gespräch.«

Wladimir Putin würde sich schwertun, einen Status zu akzeptieren, der aus seiner Sicht für Russland nachteiliger wäre als jener vor dem 24. Februar 2022. Daher würde er auch versuchen, zumindest einen Waffenstillstand zu erzwingen, der ihm die Chance bietet, Druck auf die weiteren Verhandlungen auszuüben. Nicht befreien können würde Wladimir Putin sich von der Schande, die er auf sich, seine Streitkräfte, sein Land geladen hat. Die Bilder der zerstörten Städte mit ihren erbarmungslos in eine humanitäre Katastrophe getriebenen Bewohnerinnen und Bewohnern, der Millionen von Ukrainerinnen und Ukrainern, die er in die Flucht nach Westen trieb, mit nichts als ein paar Habseligkeiten und mit traumatisierten Kindern an der Hand, der vielen ermordeten Zivilisten werden als schwere Schuld auf ihm und der Führung Russlands lasten bleiben.

Wie viele war auch ich bis zum Angriff auf die Ukraine der Auffassung gewesen, dass ein militärisches Ausgreifen Russlands zwar nicht auszuschließen sei, eine solche Entscheidung jedoch eine nachhaltige Beeinträchtigung russischer Interessen bedeuten würde. Aus der Logik der russischen Politik erschien auch Analysten in Moskau eine solche Selbstschädigung eher unwahrscheinlich. Hierauf bezog sich auch Bundespräsident Steinmeier in einem Gespräch mit Journalisten am 4. April. Seine Einschätzung sei gewesen, dass Putin nicht den kompletten wirtschaftlichen, politischen und moralischen Ruin seines Landes für seinen imperialen Wahn in Kauf nehmen würde. »Da habe ich mich, wie andere auch, geirrt.« (Ein Satz, der übrigens bald und von manchen gerne in ein vermeintliches Bekenntnis des Bundespräsidenten umgemünzt wurde, er habe sich in seiner Russlandpolitik insgesamt geirrt.) Mit dem Überfall auf die Ukraine ist dieser Fall dann eingetreten. Wladimir Putin hat massiv die Interessen seines Landes beschädigt und sich überdies jede Möglichkeit verbaut, jene weitergehenden geopolitischen Ziele zu erreichen, die er dem Westen im Dezember 2021 ultimativ auf den Tisch gelegt hatte: keinerlei NATO-Erweiterung, militärische Selbstentblößung der NATO an ihrer Ostflanke, Abzug des amerikanischen Nuklearschirms über Europa.

Wladimir Putin mag die Ukraine tatsächlich als Vorposten westlicher Bedrohung gegen Russland gesehen haben. Aber so wie er die Ukraine falsch gesehen und unterschätzt hatte – und das war der entscheidende Fehler –, hatte er sich auch in der Reaktion des Westens getäuscht. Nicht Nachgiebigkeit, Einlenken, neue Versuche, sich irgendwie zu arrangieren, bestimmten das weitere Geschehen. Der Westen fand gleichsam über Nacht in seltener Einigkeit zusammen und begann, sich für eine neue Zeit entschlossen aufzustellen. Immer entschlossener hatte er auch begonnen, die Ukraine mit Waffen zu unterstützen, damit diese ihre Freiheit verteidigen konnte. Auch die internationale Staatengemeinschaft zeigte sich in beeindruckender Einmütigkeit. In der Vollversammlung der Vereinten Nationen verurteilten 141 Staaten die russische Aggression – lediglich Eritrea, Syrien, Belarus und Nordkorea stellten sich mit einem Nein an die Seite Russlands. China, Indien und andere enthielten sich. Die Bundesrepublik Deutschland wurde durch Wladimir Putin dazu gebracht, das letzte Residuum deutscher Nachkriegspolitik aufzugeben – keine Waffenlieferungen in

Krisengebiete – und den Verteidigungshaushalt erheblich aufzustocken.

Im Westen begann bald eine Debatte darüber, wie die Ergebnisse dieser »Zeitenwende« zu bewerten seien.

Auf der Suche nach Erklärungen dafür, was sich gerade zuträgt, war häufig von einem neuen Kalten Krieg die Rede. Mit dem Blick auf vierzig Jahre Ost-West-Konfrontation, die vielen von uns noch in den Knochen steckt, ein verständlicher Versuch der Einordnung. Doch er führt nicht weiter. In den vier Jahrzehnten nach dem Ende des Zweiten Weltkrieges standen sich zwei Supermächte gegenüber, die in ihrem jeweiligen Bündnissystem eine Reihe von Staaten um sich geschart hatten. Die Sowjetunion war eine Macht mit dem Anspruch auf weltweiten Einfluss, und sie vertrat eine Ideologie, die vielen attraktiv erschien, bei uns wie in der sogenannten Dritten Welt. Die Situation heute ist eine völlig andere. Die internationale Lage ist weit komplexer. Russland ist isoliert und auf eine ungleiche Partnerschaft mit China verwiesen. Es ist ein Land, dessen politisches Modell niemandem attraktiv erscheint, von dessen rückwärtsgewandtem und introvertiertem Blick, dessen ewigen selbstbezogenen Klagen und Aggressivität keinerlei Strahlkraft ausgeht.

Der Begriff »Zeitenwende« beschreibt das Geschehen am besten. Für die Ukraine hatte diese schon 2014 begonnen, mit der russischen Annexion der Krim und dem von Moskau entfachten Krieg im Donbas. Der wirkliche Umschlag der internationalen Situation, die weltweite Zäsur vollzog sich 2022 mit der Invasion in der Ukraine. Dabei wird die Ordnung, wie sie sich seit dem Ende des Kalten Krieges herausgebildet hatte, einstweilen im Wesentlichen bestehen bleiben, ja sich verfestigen. Mit dem einen großen Unterschied: Wladimir Putin hat sein Land auf lange Sicht aus der internationalen Ordnung herausgenommen und es in eine dunkle, ungewisse Zukunft geführt. Den Versuch, Sicherheit gemeinsam zu gestalten, hat er zunichtegemacht und ein Zeitalter der Konfrontation eingeleitet.

DER WESTEN UND DIE NEUE KONFRONTATION

Welche Auswirkungen wird Putins Krieg auf uns Europäer haben, auf uns und unsere Sicherheit? Was wird aus uns, wo werden wir uns wiederfinden im Ergebnis des russischen Krieges mitten in Europa?

Die ersten Jahrzehnte nach dem Zweiten Weltkrieg waren ebenfalls bestimmt von Konfrontation. Im Ergebnis jener Teilung, die die Siegermächte in Jalta und Potsdam verabredet hatten, standen sich zwei hochgerüstete Blöcke gegenüber, angeführt von den USA und der Sowjetunion. Den beiden Führungsmächten wurde zugestanden, über das Geschick der Staaten ihres Machtbereichs zu entscheiden. Insbesondere die Sowjetunion machte davon Gebrauch, auch unter Einsatz von Gewalt: 1953 in der DDR, 1956 in Ungarn, 1968 in der Tschechoslowakei und 1981 in Polen, wo die polnische Armee den Willen Moskaus vollstreckte. Es galt die stillschweigende, durch die atomare Abschreckung bewehrte Vereinbarung, dass es kein Recht gab, auf der jeweils anderen Seite einzugreifen.

In den siebziger Jahren begann der Versuch, die bedrohliche Konfrontation durch Verabredungen zu entschärfen, die eine gemeinsame Sicherheit schaffen sollten. Hierfür stand die deutsche Ost- und Entspannungspolitik; mit einzelnen Staaten des sowjetischen Machtbereichs wurden Verträge geschlossen. 1975 gelang der große, über Europa hinaus zielende Wurf. Die Konferenz über Sicherheit und Zusammenarbeit in Europa (KSZE) endete mit der Schlussakte von Helsinki. Sie verabredete Schritte zu gemeinsamer Sicherheit, brachte Verhandlungen über Abrüstung auf den Weg, vereinbarte wirtschaftliche Zusammenarbeit und enthielt das Versprechen aller Beteiligten, im eigenen Land die Menschen- und Bürgerrechte zu achten. Auf diesen sogenannten Korb III beriefen sich in der Folge mutige Frauen und Männer im sowjetischen Machtbereich; sie forderten diese Rechte ein und waren bereit, dafür ihre Freiheit aufs Spiel zu setzen. »Helsinki« erwies sich als ein wichtiger Faktor zur allmählichen Auflösung der Konfrontation. Ausschlaggebend für das Ende des Konflikts war jedoch, dass das sozialistische Modell der Wirtschafts- und Gesellschaftsordnung an seine Grenzen kam und Ende der achtziger Jahre implodierte.

Alle Mitgliedstaaten der KSZE, der nun auch die Länder beitraten, die nach der Auflösung der Sowjetunion unabhängig geworden waren, waren seither bestrebt, das 1975 begonnene Werk einer gemeinsamen Sicherheit auszubauen – auch das neue Russland. Ein Meilenstein war jene Charta von Paris vom Dezember 1990, die die Verabredungen von 1975 bekräftigte und weiterführte. Auch die beiderseitige Abrüstung kam mit großen Schritten voran. Doch anders als erhofft, konnten elementare Gegensätze nicht überwunden werden. Zu schwer wog die Erblast einer in vielen Ländern nicht aufgearbeiteten Geschichte, zu nachhaltig wirkten die Erfahrungen jahrzehntelanger, teils schrecklicher Unterdrückung, zu groß blieb das Misstrauen.

Je mehr Russland sich im Inneren autoritär entwickelte und Bereitschaft zeigte, seine Interessen auch außerhalb seiner Grenzen gewaltsam durchzusetzen, desto geringer war die Neigung bei vielen westlichen Partnern, insbesondere in Ost-mitteleuropa, die Sicherheit aller als gemeinsames Ziel zu verstehen. Umgekehrt stellte das erstmalige Eingreifen der NATO außerhalb ihres Bündnisgebietes in Jugoslawien aus russischer Sicht eine Zäsur dar. Es wurde immer schwieriger, die OSZE, die Nachfolgeorganisation der KSZE, als ein System gemeinsamer Sicherheit zu nutzen oder mithilfe des Europarats Menschen- und Bürgerrechte in allen Mitgliedstaaten zu gewährleisten. Der NATO-Russland-Rat mutierte zu einem Forum wechselseitiger Anklagen. Russland geriet zunehmend ins Abseits.

Das vereinte Deutschland gehörte zu jenen Ländern, die sich intensiv bemühten, die seit den siebziger Jahren aufgebaute, friedensstiftende Klammer zu erhalten. Heute wissen es viele besser und beklagen, die deutsche Politik sei naiv und blauäugig gewesen. Solch rückblickende Rechthaberei ist wohlfeil. Sie unterstellt eine Linearität der Politik Russlands und eine Zielgerichtetheit Wladimir Putins, die es so nicht gegeben hat. Manches erinnert an die Vorwürfe gegen die Ostpolitik der siebziger Jahre, gegen die Idee des »Wandels durch Annäherung«. In der Tat folgte die Sowjetunion auch damals ihrer eigenen, immanenten Logik. Wenn von »friedlicher Koexistenz« geredet wurde, ein Begriff, der im Westen begierig aufgegriffen wurde, genügte ein Blick ins Ostberliner »Handbuch des Marxismus-Leninismus«, um zu verstehen, was im sozialistischen Machtbereich tatsächlich damit gemeint war: »die Fortsetzung des Klassenkampfes mit anderen Mitteln«.

Richtig ist, dass die Politik des Westens durch Wladimir Putin an ihre Grenzen geführt worden ist. Er hat eine kooperativ gestaltete Ordnung auf absehbare Zeit unmöglich gemacht, mehr noch, er hat uns in eine neue Ära der Konfrontation geführt. Diese Wirklichkeit gilt es sich einzugestehen und nicht länger Träumen nachzujagen, ob nicht vielleicht doch irgendwie noch …

Die Konsequenzen, die sich aus dieser Zäsur ergeben, wurden wohl in keinem Land so drastisch, dramatisch und schnell gezogen wie in Deutschland. Drei Tage nach Beginn der russischen Invasion in der Ukraine erklärte Bundeskanzler Scholz unter großem Beifall des Bundestages, dass Deutschland künftig massiv in seine Verteidigung investieren und den ehernen Grundsatz aufgeben werde, keine Waffen in Konfliktgebiete zu liefern. Er bekräftigte die Entschlossenheit unseres Landes, bedrohten NATO-Partnern gegebenenfalls uneingeschränkt zur Seite zu stehen. Umfragen zeigten, dass diese Politik von einem übergroßen Teil der Bevölkerung getragen wurde. Außenministerin Baerbock, Vertreterin einer Partei, die wesentlich aus der Friedensbewegung hervorgegangen war, erklärte in einer Grundsatzrede am 22. März, dass »die nukleare Abschreckung der NATO … glaubhaft bleiben« müsse. Abschreckung und Verteidigung seien komplementär zu Abrüstung und Rüstungskontrolle zu denken, sagte sie. Als die Europäische Union beschloss, ihre militärische Handlungsfähigkeit zu stärken, erklärte Deutschland sich bereit, den Kern der geplanten neuen Eingreiftruppe zu stellen.

Sicherheit *mit* Russland ist gegenwärtig nicht länger denkbar, die von Wladimir Putin gewählte Konfrontation verlangt Entschlossenheit, Festigkeit im Bündnis und Bereitschaft zur Abschreckung. Für mich, der ich 35 Jahre lang im Auswärtigen Dienst unsere Politik aus Überzeugung vertreten habe, ist diese fundamentale Neuausrichtung konsequent.

Unser Bemühen der vergangenen Jahrzehnte, die Sicherheit in Europa gemeinsam zu gestalten, war stets auch von dem Versuch geprägt, Russlands Sicht und seine Sicherheitsinteressen mitzudenken. Wir dürfen dies auch künftig nicht völlig aufgeben, wir müssen auch weiterhin bereit sein, mit einem anderen Russland zur Idee des gemeinsamen europäischen Hauses zurückzukehren. Und wir müssen uns bemühen, es auch – und gerade – in einer so schwierigen Zeit nicht bei einem bloßen Gegeneinander zu belassen. Wir müssen, wie in der zweiten Hälfte des Kalten Krieges, wieder versuchen, eine »geordnete Konfrontation« herzustellen, Verabredungen zur Begrenzung großer Waffensysteme, konventioneller Fähigkeiten und moderner Mittel der militärischen Auseinandersetzung zu treffen. Daran zeigte sich auch Russland interessiert, noch während des Krieges. Russland sei weiterhin offen für einen Dialog über strategische Stabilität, eine Beschränkung von Atomwaffen und Rüstungskontrolle, erklärte Wladimir Putin am 30. Juni auf einem Forum in Sankt Petersburg.

Weder die Agenda Wladimir Putins noch die Eventualitäten künftiger russischer Politik dürfen unser Denken leiten. Unsere Politik muss von *unseren* Interessen, unserer Situation, unserer Zukunftsperspektive bestimmt werden. Von einem Leben in Frieden und Freiheit mit einer starken, selbstbewussten Demokratie, die sich gegen Anfeindungen von innen und außen wirkungsvoll schützt, mit Raum für Vielfalt, einer Volkswirtschaft, die den Wohlstand unserer Menschen ebenso im Blick hat wie den Schutz unserer natürlichen Umwelt und Ressourcen, von einer Toleranz, die keine Beliebigkeit ist, einer Kultur, die ihre großen Reichtümer und geistig-religiösen Traditionen bewahrt und Neuem offensteht, einer Bereitschaft, aus historischem Versagen Verantwortung herzuleiten, ohne den Blick zu verlieren für große Leistungen auch in der Vergangenheit.

Zum ersten Mal hat eine Bundesregierung begonnen, an einer nationalen Sicherheitsstrategie zu arbeiten. Sie muss ein wesentliches Element neuer deutscher Außen- und Sicherheitspolitik werden. Wir müssen wegkommen von der »biedermeierlichen Beschaulichkeit unserer sicherheitspolitischen Kultur«, wie es der Präsident der Bundesakademie für Sicherheitspolitik, Ekkehard Brose, formuliert hat. Sicherheit definiert sich nicht nur militärisch, aber eben auch. »Definition von Interessen, Anerkenntnis militärischer Macht als wichtiger Ordnungsfaktor in der internationalen Arena und entscheidende Stütze von Diplomatie, mit diesen andernorts selbstverständlichen Konzepten und Argumentationsmustern müssen auch wir unbefangen umzugehen lernen«, so Brose. »Wir brauchen sie als Rüstzeug zur Orientierung in der Welt, wie sie nun einmal ist. Wir brauchen sie zur Verständigung über reale Bedrohungen mit unseren wichtigsten internationalen Partnern in der EU und in der NATO.«

Zu einer zeitgemäßen Strategie der Sicherheit gehört es, Abwehrfähigkeiten gegen moderne Methoden des Angriffs zu entwickeln, die Russland seit Jahren im Cyberraum unternimmt, mit Hackerangriffen und Desinformationskampagnen, die Keile in unsere Gesellschaft und zwischen unsere Länder treiben sollen.

Nach Beginn von Putins Krieg wurde in neuer Drastik offenbar, wie sehr wir von russischem Gas abhängig sind – wenn auch nicht in jenem Sinne, wie die internationalen Kritiker es stets prophezeit hatten: »Moskau wird Energie als Waffe einsetzen!« Doch nicht Russland setzte Energie als Erster als Waffe ein – wir waren es. Wir beendeten das Nord-Stream-2-Projekt, ein Embargo russischer Kohle und russischen Öls wurde auf den Weg gebracht – und Russland lieferte weiter Gas durch die Ukraine, gegen Bezahlung, während der Krieg tobte. Ganze acht Wochen reagierte Moskau nicht auf die westlichen Sanktionen, ein für russische Politik gänzlich untypisches Verhalten. Dann löste Moskau ein verwirrendes Hin und Her über die Frage aus, wie und in welcher Währung russisches Gas in Zukunft zu bezahlen sei, im vergeblichen Versuch, uns den Schwarzen Peter für eine Lieferunterbrechung zuzuschieben. Schließlich ging man schrittweise gegen einzelne Länder vor, beginnend mit Polen und Bulgarien, und reduzierte Mitte Juni die Lieferungen durch die auch für Deutschland entscheidende Pipeline Nord Stream 1. Nicht gänzlich von der Hand zu weisen war das russische Argument, es handle sich um eine vom Westen zu verantwortende Störung, da Kanada aufgrund der bestehenden Sanktionen wichtige Ersatzteile nicht liefere, die zu Reparaturarbeiten benötigt würden. Doch immer neue Vorwände machten offenbar, dass die russische Führung entschieden hatte, mit der sukzessiven Einschränkung der Gasversorgung Druck auf Deutschland und andere Länder auszuüben. Hinter dieser Eskalation der Auseinandersetzung mochte nicht allein das russische Kalkül stehen, uns wirtschaftlich zu schaden, sondern auch im Blick auf den nächsten Winter eine Debatte in unseren Ländern auszulösen, welchen Preis wir bereit sind, für eine fortdauernde Unterstützung der Ukraine zu zahlen. »Entscheidend kommt es auf die Deutschen an!«, kommentierte der renommierte Ökonom und frühere Wirtschaftsberater Michail Gorbatschows Ruslan Grinberg die Herausforderung in einem Gespräch im Juli 2022. »Werden sie durchhalten? Sie müssen!«

Wladimir Putin pokerte hoch, denn in einer Lieferbeziehung gibt es eben stets eine wechselseitige Abhängigkeit. Westeuropa bezog vor Kriegsbeginn um die 40 Prozent seines Gasbedarfs aus Russland – aber Russland verkaufte 70 Prozent seines Gases nach Europa. (Polen, einer der Hauptkritiker des Nord-Stream-Projektes, bezog selbst mehr als 40 Prozent seines Gases aus Russland und verdiente an der Durchleitung über die Pipeline Jamal, die in der Diskussion um Nord Stream zumeist genauso wenig auftauchte wie andere russische Pipelines nach Europa. Und in einem Interview mit der FAZ räumte der polnische Präsident Duda am 2. August 2022 ein, dass man sich selbst auf andere Weise von Russland abhängig gemacht habe: durch »den jetzt für den Winter drohenden Mangel an Steinkohle, die bisher teilweise aus Russland importiert wurde.«)

Den Ausfall an Einnahmen aus dem Export fossiler Energieträger würde Russland nicht beliebig lang durch gestiegene Gaspreise und Lieferungen an andere Abnehmer kompensieren können; für Letzteres bedarf es allein schon der entsprechenden Infrastruktur. Zudem nutzten ›neue Kunden‹ wie China und Indien die russische Zwangslage, um erhebliche

Preisnachlässe durchzusetzen. Wladimir Putin war auf diese Einnahmen entscheidend angewiesen – weniger, um den Krieg zu finanzieren, als um sich Unterstützung und Loyalität im Lande kaufen zu können. Im Rückblick ist es einfach zu sagen, wir hätten uns bei der Energieversorgung eben nicht so abhängig machen dürfen von Russland. Der Kern des Problems besteht nicht in einer Abhängigkeit von Russland. Er liegt in unserer – zweifellos von einer sehr großen Mehrheit der Bürgerinnen und Bürger unterstützten – Entscheidung, den Weg der Nutzung erneuerbarer Energien zu gehen, um den Schutz von Umwelt und Klima so gut und schnell wie möglich zu gewährleisten. Dazu gehört der Schritt, so schnell wie möglich auf Strom zu verzichten, der aus Kohle, Öl und aus Kernspaltung gewonnen wird. Da der umfassende Einsatz erneuerbarer Energien sich nicht von heute auf morgen realisieren lässt, benötigen wir übergangsweise in großem Umfang eine Brückentechnologie – und da ist der Einsatz von Gas der von den fossilen Energieträgern »sauberste«. Gas liefert Norwegen – aber wer sonst? Eben leider nicht Österreich, die Schweiz oder Luxemburg, die wichtigsten Produzenten sind arabische Golfstaaten, China, Iran – und Russland. Und natürlich die USA und Kanada, gewonnen vielfach mithilfe des umweltschädlichen Fracking-Verfahrens. Hätte eine Partei in der Bundestagswahl 2021 bestehen können, die gefordert hätte: »Kein Gas mehr aus Russland, dafür aus den USA und mehr aus den Golfstaaten? Notfalls Verlängerung der Laufzeit unserer Kohle- und Kernkraftwerke?« Wir müssen schon ehrlich mit uns sein.

Richtig ist, dass wir unsere Bezugsquellen und -wege dennoch stärker hätten diversifizieren können, z. B. durch den Bezug von Flüssiggas über deutsche Terminals. »Doch bis zum letzten Tag meiner Amtszeit baute kein Unternehmen einen LNG-Terminal in Deutschland, weil sich kein Importeur fand, der wegen des hohen Preises im Voraus langfristige Kapazitäten gebucht hätte«, erklärte Bundeskanzlerin a. D. Merkel dazu in einem Interview im Juni 2022 rückblickend, obwohl man bereit gewesen wäre, den Bau mit Steuergeldern zu fördern. Mit dem Bau von vier schwimmenden Terminals versuchte die Bundesregierung seit dem Frühjahr 2022 dieses Versäumnis wettzumachen. Schwer wog das Argument, wir finanzierten durch unsere Zahlungen für russisches Gas Tag für Tag Putins Krieg. Auf die Kriegführung hätte ein sofortiger Importstopp jedoch keine Auswirkungen gehabt, wie Marcus Keupp, Schweizer Experte für Militärökonomie, unter Hinweis auf die Autarkie der russischen Rüstungsindustrie vorrechnete: »Allein auf die Kriegführung in der Ukraine bezogen kann der Krieg unbegrenzt weiterlaufen.« Janis Kluge, Russlandexperte bei der Stiftung Wissenschaft und Politik, wies darauf hin, dass »das Teuerste an diesem Krieg – Geräte wie Panzer, Raketen oder Flugzeuge – bereits in den vergangenen Jahren und Jahrzehnten gebaut« wurde und damit bereits finanziert sei. Die einzigen laufenden Kosten seien die Ausgaben für Sold und Verbrauchsmaterial wie Öl oder Diesel.

Wenn Wladimir Putin eines vermocht hat, dann dies: Die Bündnispartner so eng zusammenzuführen, wie sie es seit Langem nicht waren. Der Krieg wurde für Europa zum Weckruf. Der französische Präsident Emmanuel Macron, der das transatlantische Bündnis 2019 als »hirntot« bezeichnet und eine strategische Partnerschaft mit Russland gesucht hatte, bekannte sich uneingeschränkt zur NATO und ihren Bündnisverpflichtungen. Er hatte bis zum Schluss zu vermitteln versucht, gehörte aber zugleich zu den schärfsten Kritikern der russischen Aggression. Die Reaktion in fast allen Mitgliedstaaten war identisch. Natürlich köchelten unter der Oberfläche Kontroversen zurückliegender Monate und Jahre weiter. Ungarns Präsident Viktor Orbán machte nach seinem Wahlsieg deutlich, dass er im Verhältnis zu Russland weiter gerne eine Sonderrolle spielen würde, auch wenn die Interessen seines Landes so bedroht waren wie die aller anderen. Wie zu erwarten, kamen aus Polen überschießende Forderungen. Der Ukraine wollte man alte sowjetische Kampfflugzeuge zur Verfügung stellen, die sich noch im polnischen Besitz befanden – auf dem Umweg über die USA, denn allzu direkt wollte man sich mit Moskau nicht anlegen. Doch Washington wies dieses Ansinnen einstweilen zurück.

Auf die Probe gestellt wurde der künftige Zusammenhalt Europas in den französischen Präsidentschaftswahlen im April 2022. Es zeugte vom europäischen Geist unserer Nachbarn, dass auch viele Wähler für Emmanuel Macron stimmten, die dies sicher schweren Herzens getan haben mögen. Doch auch für sie stand und steht der alte und neue Präsident eben für ein einiges Europa der Zukunft. Nicht weniger eindrucksvoll gingen gleichzeitig die Parlamentswahlen in Slowenien aus, in denen die Wähler einen zunehmend autoritär regierenden, europakritischen Ministerpräsidenten abstraften und einer pro-europäischen Koalition den Weg ebneten.

Die Geschlossenheit des Westens zeigte sich auch in der Flüchtlingsfrage. Europa sah sich im Ergebnis von Putins Krieg mit der größten Welle von Flüchtlingen seit Ende des Zweiten Weltkrieges konfrontiert. Polen, ein Land, das sich

2015/16 beharrlich geweigert hatte, Flüchtlinge aus dem Nahen Osten aufzunehmen, war besonders betroffen und seine Menschen reagierten mit großer Hilfsbereitschaft. Bis Anfang Mai waren in Polen, teils auf dem Weg in andere Länder, mehr als drei Millionen Flüchtlinge aus der Ukraine angekommen. Die widersprüchliche Haltung der PiS-Regierung in der Flüchtlingsfrage empörte die bekannte polnische Regisseurin Agnieszka Holland: »Während Grenzschützer den ukrainischen Kindern Teddybären in die Hände drücken, werden die anderen Kinder an den Grenzzaun gedrückt.« Europaweit war die Solidarität beeindruckend, Tausende von Haushalten nahmen auch in Deutschland ukrainische Flüchtlinge auf. Dass die britische Regierung sich der Aufnahme von Opfern des russischen Angriffskrieges weitgehend entzog, stieß bitter auf und beschämte viele Menschen, auch in Großbritannien. Bis Anfang Mai hatten 27 000 Flüchtlinge aus der Ukraine im Vereinigten Königreich Zuflucht gefunden – in Deutschland mehr als 600 000.

In der Empörung über die Invasion in der Ukraine kam es im Westen zu manch überschießender Reaktion. Aber die großen russischen Komponisten und Schriftsteller bleiben groß, russische Künstler auch weiterhin bedeutend, seine Sportler, sofern nicht gedopt, leistungsstarke Wettbewerber. Und nicht jeder patriotisch denkende, bei uns lebende Russe sollte zu einem Bekenntnis genötigt werden. Wir sollten die Kirche im Dorf lassen.

In besonderem Maße exponiert blieben in Europa zwei Staaten: Schweden und Finnland, beide Mitglieder der Europäischen Union, nicht jedoch der NATO. Doch der Angriff auf die Ukraine bewirkte, dass die beiden Länder in einer fundamentalen Kehrtwende jahrzehntealter Politik die Aufnahme im Nordatlantischen Bündnis beantragten. Dem stimmten die NATO-Partner auf ihrem Gipfel am 29. Juni in Madrid zu, nachdem die beiden Ostsee-Anrainer der Türkei entgegengekommen waren, die ihre Zustimmung bis zuletzt von der Erfüllung sachfremder Forderungen abhängig gemacht hatte und die ihre Ratifizierung des Beitritts anschließend verzögerte, um weitere Zugeständnisse der Beitrittsaspiranten zu erhalten. Bemerkenswert war die Reaktion Wladimir Putins auf die Entscheidung der NATO, nachdem Russland beiden Staaten zuvor noch mit den erwähnten »ernsthaften militärischen und politischen Konsequenzen« gedroht hatte, sollten sie der NATO beitreten. »Wir haben mit Schweden und Finnland keine Probleme, wie wir sie mit der Ukraine haben«, erklärte er am Tag nach der Entscheidung des Bündnisses. Es gebe mit den beiden Ländern keine »territorialen Differenzen«. Sollten in den Staaten jedoch »Militärkontingente und militärische Infrastruktur stationiert werden«, wäre Russland gezwungen, in gleicher Weise zu reagieren, fügte Putin hinzu. Das war nachvollziehbar, zugleich hatte sich jedoch die Festigkeit der Haltung beider Staaten wie der NATO ausgezahlt. Auch im Norden Europas hatte Wladimir Putin mit seinem Überfall auf die Ukraine den Interessen Russlands nachhaltig geschadet.

Für den Westen war es ein Glücksfall, dass im Weißen Haus Joe Biden und nicht Donald Trump saß. Nicht dass jener eine konsequent Russland-freundliche Politik geführt hatte – er praktizierte überhaupt keine konsequente Außenpolitik und irrlichterte zwischen Bewunderung Wladimir Putins und scharfer Abstrafung Russlands. Während der russische Präsident in der Ukraine 2022 Krieg führte, bezeichnete Donald Trump ihn einerseits als genial und forderte andererseits, ihm mit Atomwaffen zu drohen. War Trumps Amtszeit schon ein Warnsignal an die Europäer gewesen, so wurde Putins Krieg zum Fanal. In der EU begann endlich eine ernsthafte Debatte über die strategische Ausrichtung einer handlungsfähigen europäischen Sicherheits- und Verteidigungspolitik. Sie ist unabdingbarer Bestandteil europäischer Zukunftsfähigkeit, auch weil Europa angesichts einer möglichen Neuausrichtung US-amerikanischer Außenpolitik auf sich selbst verwiesen sein könnte. Es wird viel Anstrengung erfordern, bis die 27 Mitglieder der EU zu einem gemeinsamen Ansatz finden. Außen- und Sicherheitspolitik ist ein Herzstück der Souveränität eines jeden Mitgliedstaates. Doch ohne eine aktive, strategisch ausgerichtete Außen- und Sicherheitspolitik wird Europa nicht bestehen können, dies hat uns das Handeln Wladimir Putins gelehrt, welches uns noch vor Kurzem unvorstellbar schien.

Auch in der NATO zog man die Konsequenzen aus Putins Krieg und der von ihm gewählten Konfrontation. Auf ihrem Madrider Gipfel beschloss die Allianz ein neues strategisches Konzept, in dem sie Russland als »größte und unmittelbarste Bedrohung für die Sicherheit der Verbündeten und für Frieden und Stabilität im euroatlantischen Raum« einstufte. Das Bündnis suche keine Konfrontation, müsse aber auf »feindliche Handlungen« reagieren und werde deshalb seine Abschreckung und Verteidigung »deutlich stärken«. Mit einer massiven Verstärkung ihrer Präsenz und Handlungsfähigkeit in Ostmitteleuropa unterstrich die NATO ihre Bereitschaft zum Schutz ihrer dortigen Partner. Zugleich machte die NATO ihren Willen deutlich, »Kommunikationskanäle mit

Moskau offenzuhalten«, um eine weitere Eskalation zu verhindern und die Transparenz zu erhöhen. Aber: »Unsere Beziehungen können sich erst dann ändern, wenn die Russische Föderation ihr aggressives Verhalten einstellt und das Völkerrecht in vollem Umfang einhält.«

Auch auf die Politik Chinas geht das Bündnis in seinem neuen Konzept ein und macht deutlich, wie Pekings »erklärte Ziele und seine Politik des Zwangs unsere Interessen, unsere Sicherheit und unsere Werte vor Herausforderungen stellen«. China versuche, seine Macht politisch wie wirtschaftlich auszuweiten und die internationale Ordnung zu untergraben. Zugleich sei man, anders als dies mit Russland möglich sei, weiter zu einer Zusammenarbeit bereit: »Wir bleiben für konstruktive Gespräche mit der Volksrepublik China mit dem Ziel der Wahrung der Sicherheitsinteressen des Bündnisses offen, darunter auch Gespräche zum Aufbau gegenseitiger Transparenz.«

VERANTWORTUNG FÜR DIE »ZWISCHENLÄNDER«

Wir müssen nicht allein uns selbst und unsere Bündnisse stärken und enger zusammenrücken. Wir müssen auch einen neuen Blickwinkel auf jene Länder Europas bekommen, die nicht im Schutz dieser Bündnisse stehen. Georgien und Moldau, die Staaten des Balkans, des südlichen Kaukasus und die Ukraine, so sie ihren mutigen Kampf besteht, dürfen nicht im Schneematsch der Geschichte sitzen bleiben, potenziell wehrlos russisch-imperialem Großmachtstreben ausgesetzt. Und auch Belarus, das Land, in dem sich eine so starke Zivilgesellschaft ausgebildet hat, darf uns nicht gleichgültig bleiben, mag Russland das Nachbarland unter seinem »Statthalter« Lukaschenka derzeit auch fest im Griff haben.

Ein Blick auf den südlichen Kaukasus zeigt uns im Übrigen, dass die Behauptung Wladimir Putins nicht zutrifft, der Westen zwinge alle Länder entlang den Grenzen Russlands zu einer alternativlosen Entscheidung: Die Assoziierung Armeniens mit der von Russland dominierten Eurasischen Wirtschaftsunion war ein »Angebot, das man nicht ablehnen konnte«. Zugleich ging Eriwan eine Assoziierung mit der Europäischen Union ein. Es ist allein an Armenien, seinen Weg in die Zukunft zu wählen.

Die russischen Forderungen vom Dezember 2021 hatten unmissverständlich klargemacht, dass Wladimir Putin mit seinem Griff nach der Ukraine auch andere Länder glaubte unter Druck setzen zu können, um seine Macht auszudehnen. Seine Bereitschaft, seine Ziele mit Gewalt durchzusetzen, muss unsere Entschlossenheit nach sich ziehen, jenen Ländern besonders zur Seite zu stehen, auf die sein Eroberungsdrang sich als Nächstes richten könnte. Sie brauchen keine ferne, vage, sondern eine konkrete Perspektive, Mitglied der Europäischen Union werden zu können. Dies bedeutet nicht, überstürzt zu handeln, Rabatt zu geben auf die Erfüllung fundamentaler Voraussetzungen. Ein funktionierender Rechtsstaat, die Bekämpfung von Korruption und die Achtung von Menschen- und Bürgerrechten, diese und andere Bedingungen müssen erfüllt sein. Die Volkswirtschaften in neuen Beitrittsländern müssen darauf vorbereitet sein, die Mitgliedschaft und den Wettbewerb in der größten Freihandelszone der Welt auszuhalten. Aber reine Assoziierungsabkommen mit der EU ohne eine klare Perspektive auf Mitgliedschaft reichen nicht mehr aus. Daher war es konsequent und die richtige Reaktion auf die von Russland gewählte Konfrontation, dass die Mitgliedstaaten der EU auf ihrem Gipfeltreffen am 24. Juni der Ukraine und der Republik Moldau den Status von Beitrittskandidaten gewährten und Georgien Gleiches in Aussicht stellten, wenn dort die entsprechenden Vorgaben erfüllt sein werden. Mit Ländern des westlichen Balkans werden Verhandlungen über einen Beitritt bereits geführt. Sie stagnieren jedoch, historische Spannungen und auch russische Versuche der Einflussnahme belasten den Prozess. Bundeskanzler Scholz machte sich die Zugehörigkeit jener Länder zur Gemeinschaft der europäischen Staaten auf Reisen und in Gesprächen zu einem besonderen Anliegen.

Eine Mitgliedschaft in der NATO bedeutet Schutz für den Eventualfall, eine Mitgliedschaft in der Europäischen Union konkrete, tiefgreifende Veränderung. Die russische Außenpolitik hat sich immer schwergetan zu verstehen, dass die eigentliche Herausforderung für Russland nicht in einer überschaubaren Zahl von NATO-Soldaten an der estnischen oder polnischen Grenze besteht, sondern in der Mitgliedschaft jener Länder in der EU, die eine ungeheuer dynamische Entwicklung entfaltet. Für die russische Politik, so schien es, war es immer leichter, Panzer und Soldaten zu zählen, als die Bedeutung fallender Zollschranken, europäischer Unterstützungsprogramme und einer gemeinsamen Währung zu erfassen. Als ich in den neunziger Jahren in Brüssel daran beteiligt war, die EU-internen Verhandlungen zur Vorbereitung auf den Beitritt der Länder Ostmitteleuropas zu führen, war in dieser auch für Russland so wichtigen Phase der Neuordnung Europas der Posten des russischen Botschafters bei der EU über Jahre unbesetzt.

Für die »Zwischenländer« wird sich aus einer Perspektive auf eine EU-Mitgliedschaft und anschließenden Beitritt die Chance zu demokratischer, marktwirtschaftlicher, rechtsstaatlicher Entwicklung ergeben. Aus Stabilität und Fortschritt entspringt Sicherheit. Gleichwohl werden die »Zwischenländer« auch handfeste militärische Sicherheit erwarten. Wie solcher Schutz gewährleistet werden kann, durch bilaterale Garantien oder eine Annäherung an das transatlantische Bündnis, wird Gegenstand künftiger Debatten sein. Russland hat stets beansprucht, über einen Beitritt weiterer Länder zur NATO mitbestimmen zu dürfen. Dieser Anspruch ist durch den Krieg gegen die Ukraine definitiv verwirkt. Er hat in allen Anrainerstaaten die Furcht vor einem russischen Übergriff wieder zur brennenden Wirklichkeit werden lassen. Im Zwei-plus-Vier-Vertrag zur Herstellung der deutschen Einheit ist 1990 eine Verabredung getroffen worden, mit der die Sowjetunion leben konnte. Das Gebiet der ehemaligen DDR wurde Teil des NATO-Territoriums, ohne dass dort – außer deutschen – NATO-Truppen oder -Infrastruktur stationiert wurden. Dies mag von Fall zu Fall als interessantes Modell dienen, wenn es um die Frage geht, ob oder zu welchen Bedingungen weitere Länder der NATO beitreten sollten.

Wie die Länder des Kaukasus haben auch jene Zentralasiens einst zum Russischen Reich gehört, und Moskau nimmt sich das Recht heraus, auch über ihren Weg und ihr Schicksal mitzuentscheiden. Über Kasachstan hat sich der russische Präsident bereits ähnlich abfällig wie über die Ukraine geäußert: Dies sei eigentlich gar kein rechter Staat. Dabei gehört die große und rohstoffreiche Republik dem OVKS an, jenem von Russland dominierten Militärbündnis der Organisation des Vertrages über kollektive Sicherheit. Mit einer schnellen und massiven Operation stellten Truppen der OVKS Anfang 2022, als es zu Unruhen und Aufständen gegen Präsident Toqajew kam, »Ruhe und Ordnung« in Kasachstan her. Dafür hatte man in Moskau wohl mehr Dankbarkeit erwartet. »Wenn es einen neuen Eisernen Vorhang gibt, wollen wir nicht dahinter sein«, sagte Kasachstans Vize-Außenminister Roman Vassilenko Ende März 2022 in einem Interview mit der »Welt«. Er rief westliche Investoren auf, ihr Geschäft aus Russland nach Kasachstan zu verlagern. Zwar wolle man nicht, dass Unternehmen kommen, »nur um die Sanktionen gegen Russland zu umgehen«, aber alle Unternehmen mit gutem Ruf seien willkommen. Als die Energiekrise sich zuzu-spitzen begann, stellte Präsident Togajew klar, dass sein Land bereit sei, der EU mit Öl- und Gaslieferungen zur Seite zu stehen und für Ausgleich zu sorgen: »Kasachstan ist bereit, sein Kohlenwasserstoffpotenzial zu nutzen, um die Lage auf den Märkten der Welt und Europas zu stabilisieren«.

Das Verhältnis der Länder Zentralasiens zu Russland ist komplex. Auf einer Konferenz im März 2015 hatte sich für mich die Gelegenheit zum Gespräch mit dem kasachischen Außenminister ergeben. Ob er das Verhältnis seines Landes zu Russland skizzieren könne? Er antwortete mit einer rhe-torischen Frage: »Warum, glauben Sie, haben wir unsere Hauptstadt in den Norden verlegt?« Von Almaty war man wenige Jahre zuvor nach Astana, heute Nur-Sultan, umge-zogen, in die glitzernde, in wenigen Jahren aus dem Boden hochgezogene neue Hauptstadt. Näher an der russischen

Grenze zu sein, so die Botschaft des kasachischen Außenministers, erlaubte es, einen genaueren Blick auf das zu haben, was jenseits der Grenze geschieht. Aber auch diesseits, denn im Norden des Landes ist die russischsprachige Bevölkerung in der Mehrheit, und Moskau übt hier mit seiner Propaganda erheblichen Einfluss aus.

Für Kasachstan wie auch die anderen Länder Zentralasiens, die einst zur Sowjetunion gehörten, gilt, dass Wladimir Putin sehr sorgfältig wird abwägen müssen, wie weit er gehen will.

Noch spricht die alte Elite in den Staaten Zentralasiens russisch; sie ist zum Teil auf der ehemaligen sowjetischen Militärakademie Frunse ausgebildet worden, dem heutigen Bischkek, der Hauptstadt Kirgistans. Noch kann Moskau sicherstellen, dass die örtlichen Herrscher, wie in Kasachstan, im Amt bleiben oder ihre Nachfolge im Sinne Moskaus geregelt wird. Doch es ist vor allem Chinas Wirtschaftskraft, die Russlands Einfluss mehr und mehr zurückdrängt. Der kasachisch-chinesische Handel ist inzwischen weit bedeutender als der Wirtschaftsaustausch Kasachstans mit Russland. Der frühere oppositionelle Duma-Abgeordnete Wladimir Ryschkow hat es auf den Punkt gebracht: »Russland wird mehr und mehr zum unbezahlten Wachmann in der zentralasiatischen Firma, in der China Geld verdient.« Durch Zentralasien führt ein wichtiger Strang der Seidenstraße. Da Wladimir Putin einen anderen wichtigen Strang, eben jenen durch Russland, durch seinen Krieg vorläufig zerstört hat, wird das Interesse Pekings steigen, nicht nur die guten Wirtschaftsbeziehungen mit den Ländern Zentralasiens zu pflegen, sondern dort auch politische Verhältnisse herzustellen, die Peking in die Hände spielen. Tadschikistan war 2021 das erste Land Zentralasiens, dem China geholfen hat, seine militärischen Fähigkeiten zu verstärken – eine für Russland höchst unwillkommene neue Qualität chinesischer Präsenz.

GLOBALE FOLGEN

Sehr rasch zeichnete sich ab, dass Putins Krieg Auswirkungen weit über Europa hinaus haben würde. Unmittelbar sichtbar wurden die Auswirkungen des Krieges auf die Weltwirtschaft. Zwar betrug der Anteil Russlands und der Ukraine zusammen lediglich 2 Prozent des weltweit erwirtschafteten Bruttosozialproduktes, ihr Anteil am internationalen Handel lag in ähnlicher Höhe. Doch beide Länder spielten eine erhebliche Rolle bei der internationalen Versorgung nicht nur mit Rohstoffen und Energieträgern, sondern auch mit Nahrungsmitteln, insbesondere Getreide.

Russland und die Ukraine exportierten bis 2021 etwa 30 Prozent des Weizens, 20 Prozent des Maises, 16 Prozent der fertigen Düngemittel, 18 Prozent des Gases und 11 Prozent des Öls der Welt. Manche Länder des Nahen Ostens bezogen 75 Prozent ihres Weizenbedarfs aus Russland und der Ukraine. Die globalen Lieferketten waren auf die Exporte spezieller Metalle aus beiden Ländern angewiesen, die Preise von Stahl, Kupfer, Aluminium, Nickel und Palladium erreichten nach Kriegsbeginn Rekordhöhen. Ebenso stiegen unmittelbar die Preise für Weizen, Öl und Gas. An den Finanz- und Aktienmärkten kam es infolge der westlichen Sanktionen zu erheblichen Verwerfungen. In der Annahme, manche der Effekte könnten von dauerhafter Wirkung sein, sprachen Experten von einer bevorstehenden »Slowbalisation«, einer sich verlangsamenden und sich neu ausrichtenden Globalisierung. Dazu wird beitragen, dass die fast beliebige Verlagerung von Produktionen wegen günstiger Herstellungskosten und vorhandener Lieferketten auch im Westen zunehmend skeptisch gesehen wird. Schon während der Corona-Pandemie wurde Kritik daran laut, dass wichtige Pharmazeutika kaum noch in Europa produziert werden. Wer sich heute mit deutschen Unternehmern unterhält, erfährt, dass bei Investitionsentscheidungen künftig der Gedanke der »Resilienz« einen ganz anderen Stellenwert erhalten wird: der Fähigkeit, auch in Krisen Verwerfungen in den internationalen Handelsbeziehungen standhalten zu können.

Im Dezember 2021 war die Organisation für wirtschaftliche Zusammenarbeit und Entwicklung (OECD) noch davon ausgegangen, dass die Weltwirtschaft auf gutem Wege war, sich von den Effekten der Corona-Pandemie zu erholen. Für 2022 ging sie von einem weltweiten Wachstum von 4,5 Prozent, für 2023 von 3,2 Prozent aus. Im März 2022 änderte sie ihre Prognose und prognostizierte eine Verringerung des vorhergesagten Wachstums um 1 Prozent und einen Anstieg der erwarteten Inflation um 2,5 Prozent. Die Länder Westeuropas, wirtschaftlich mit Russland und der Ukraine eng verflochten und in besonderem Maße auf russische Energielieferungen angewiesen, würden, so die OECD, die Auswirkungen am stärksten zu spüren bekommen. Aber auch die Länder des globalen Südens würden hart von den Folgen des russischen Krieges betroffen sein, vor allem solche, die nicht über eigene Rohstoffe verfügen. Der Direktor des Welternährungsprogramms der Vereinten Nationen, Martin Frick, wies darauf hin, dass »je nach Dauer des Krieges zwischen 33 und 47 Millionen Menschen zusätzlich in Hunger und Armut abrutschen« könnten.

Die Kette der weltweiten politischen Folgen des Ukraine-Krieges beginnt bereits in der Türkei, die sich in den letzten Jahren zu einem wichtigen regionalen Spieler entwickelt hat. Sie ist NATO-Mitglied und hat doch stets versucht, im Verhältnis zu Russland eine Sonderrolle zu spielen.

Solange Präsident Erdoğan am Ruder ist, werden die russisch-türkischen Beziehungen oszillieren. Beide, Erdoğan und Putin, dürften grundsätzlich um eine Annäherung bemüht sein. Aber oft genug in den zurückliegenden Jahren glich das russisch-türkische Verhältnis einem Jo-Jo, einem Auf und Ab zwischen innigst beschworener Freundschaft und der Konfrontation zweier Alpha-Politiker bis hin zu persönlichen Beleidigungen. Im Syrien-Krieg stießen die Interessen beider Länder frontal aufeinander. Im November 2015 schoss die türkische Flugabwehr ein russisches Militärflugzeug ab, das aus Syrien heraus kurz türkisches Hoheitsgebiet überflogen hatte. Russland warf daraufhin alle grundsätzliche Kritik an Sanktionen, wie man sie in der Vergangenheit dem Westen gegenüber geäußert hatte, über Bord und überzog die Türkei mit präzedenzlosen Maßnahmen: Der Import türkischer Obst- und Gemüseprodukte wurde verboten, Russen wurde untersagt, in der Türkei Urlaub zu machen, türkische Bauunternehmen in Russland mussten ihre Tätigkeit einstellen, türkische Staatsbürger wurden des Landes verwiesen. Moskau zog dies durch, bis Erdoğan in die Knie ging, sich entschuldigte und Aufklärung und Entschädigung zusagte.

Jenseits aller Opportunitäten gab und gibt es in der türkischen Haltung zur russischen Aggression gegen die Ukraine einen prinzipiellen Punkt: die Unterdrückung der Krim-Tataren. Ihre erneute Verfolgung nach der Krim-Annexion trieb die Türkei an die Seite der Ukraine. In Putins Krieg gegen die Ukraine bezog der türkische Präsident einerseits Stellung gegen die Aggression, war andererseits aber bemüht, sich als Vermittler im Spiel zu halten. In Ankara und Istanbul fanden Treffen der Kriegsparteien statt, und die Türkei spielte eine wichtige Rolle, als es darum ging, zwischen den Kriegsparteien einen Ausweg aus der russischen Blockade ukrainischer Getreideexporte zu vermitteln.

Durch sein Eingreifen in den Syrien-Konflikt 2015 und den überstürzten Abzug der Amerikaner hatte sich Russland im Nahen Osten eine starke Position verschafft. Nicht zuletzt Israel war hiervon direkt betroffen. Möglichst gute Beziehungen zu Moskau als der nun dominierenden Regionalmacht sind für Tel Aviv von überragendem Interesse. Russland wiederum unterstützt Israel, erwartet aber auch, dass Tel Aviv sich nicht falsch positioniert. Dies erklärt zum Teil dessen zögerliche Haltung im Jahr 2022, sich klar zum russischen Krieg gegen die Ukraine zu positionieren. In Israels Interesse ist es auch, dass nukleare Ambitionen Teherans unter Kontrolle gebracht werden. Auch nach Eröffnung des Krieges gegen die Ukraine beteiligte Russland sich in Wien an den internationalen Gesprächen, die dieses Ziel erreichen sollen. Kurz vor einem erfolgreichen Abschluss sperrte sich Russland jedoch plötzlich und bestand darauf, dass der russisch-iranische Handel von allen sonstigen Beschränkungen ausgenommen sein sollte – ein Indiz dafür, wie sehr Russland von den westlichen Sanktionen getroffen war.

Diesen Sanktionen schloss Israel sich nicht an. Stattdessen erklärte es seine Bereitschaft, als Vermittler im russisch-ukrainischen Krieg zu agieren. Israel unterhält zur Ukraine gute Beziehungen, die jedoch einen empfindlichen Dämpfer bekamen, als Präsident Selenskyj am 20. März 2022 per Video-Botschaft in der Knesset sprach. Er trat so auf wie überall auf der Welt, werbend, aber auch bitter und voller Kritik. Er appellierte an Israel, zwischen Gut und Böse zu wählen: »Hört euch die Worte des Kreml genau an«, sagte er, »sie benutzen Nazi-Terminologie.« Sein Aufruf als Jude, die besondere historische Dimension der russischen Aggression zu sehen und für die Ukraine Partei zu ergreifen, stieß in Israel auf teils heftige Kritik. Weit schwerer wurde aber das russisch-israelische Verhältnis belastet – durch jene unsäglichen Äußerungen Sergej Lawrows und den nachgeschobenen Vorwurf, Israel unterstütze in Kiew ein Nazi-Regime. Auch fehlen Russland letztlich Kraft, Mittel und politische Vision, um im Nahen Osten – wie in Afrika, wo man hier und da ein Regime mit Söldner-Truppen unterstützt hatte – eine verantwortliche, ordnende Rolle zu spielen.

Mit aller Macht wird Wladimir Putin versuchen, Keile in den internationalen Zusammenhalt zu treiben. Doch schon die Erfahrung der Jahre nach 2014 hat gezeigt, dass dies nicht erfolgreich sein muss. Russlands Präsident hat sein Land mit der Aggression gegen die Ukraine in eine international noch weit schwierigere Situation gebracht. Sicherlich wird Moskau eine begrenzte Zusammenarbeit mit jenen möglich sein, die sich einer Stellungnahme zu Russlands Aggression zu entziehen suchten – unter den Großen ist dies neben China am ehesten Indien, bislang schon wichtigster Abnehmer russischer Rüstungsgüter und Importeur russischen Öls, das es nun auch günstiger erhielt. Als Außenminister Lawrow bei einem Besuch in Delhi Anfang April 2022 die alte russisch-indische Freundschaft beschwor, wollte sein indischer Amtskollege sich gleichwohl nicht einfach auf Moskaus Seite schlagen. In der Vollversammlung der Vereinten Nationen hatte man sich der Stimme enthalten, nun unterstrich Außenminister Jaishanker »die Notwendigkeit der Einstellung der Gewalt und der Beendigung der Feindseligkeiten« in der Ukraine. »Meinungsverschiedenheiten und Auseinandersetzungen«, so der indische Außenminister, sollten »durch Dialog und Diplomatie und unter Achtung des Völkerrechts, der UN-Charta und der Souveränität und territorialen Integrität von Staaten gelöst werden«. Russland bleibe jedoch weiter ein wichtiger wirtschaftlicher Partner. Die Tötung von Zivilisten im ukrainischen Butscha verurteilte Indien und forderte eine unabhängige Untersuchung, hielt sich aber weiter mit Kritik an Russland und dem von ihm geführten Krieg zurück. Mehr noch als in der Vergangenheit wird Moskau in seinen Beziehungen zu Indien sorgfältig auf die Interessen Pekings zu achten haben, Delhis großem Kontrahenten in Asien. Und Dehli wird letztlich bestrebt sein, ein verträgliches Verhältnis zu Moskau zu pflegen – nicht nur Pakistan sorgt Indien, sondern vor allem die Aussicht auf ein noch engeres russisch-chinesisches Verhältnis.

Die bei uns in öffentlichen Debatten gelegentlich zu hörende Betrachtung, die Mehrheit der Weltbevölkerung stehe im Krieg Russlands gegen die Ukraine nicht auf der Seite des Westens, erweist sich bei näherer Betrachtung als rein arithmetisch. Die Interessenlage einzelner Länder ist oft stärker von konkreten Umständen als der Unterstützung mit uns geteilter Prinzipien geleitet. Es ist Aufgabe westlicher Diplomatie, diese Umstände zu erkennen, aufzugreifen und in unsere Politik einzubinden. Daher lud die Bundesregierung die Staats- und Regierungschefs von Argentinien, Indien, Indonesien, Senegal und Südafrika zum Gipfel der G 7-Staaten nach Elmau ein. »Demokratien der Zukunft und mit Zukunft«, nannte Bundekanzler Scholz sie. Mit Indonesien und Indien kamen die aktuellen und die kommenden Vorsitzenden der G20, Senegal hatte den Vorsitz der Afrikanischen Union inne, Argentinien den Vorsitz der Gemeinschaft lateinamerikanischer und karibischer Staaten. »Als Demokratien blicken wir ähnlich auf die Welt, und es ist gut, wichtig und nötig, dass wir uns miteinander austauschen«, sagte Scholz nach den Gesprächen. Er machte deutlich, dass man an den Gemeinsamkeiten angesetzt habe – Klimaschutz, Energieversorgung und Kampf gegen den Hunger in der Welt.

Als der größte Nutznießer der russischen Aggression dürfte sich China erweisen. Nach 2014 hatten Peking und Moskau ihre Beziehungen intensiv ausgebaut, ein Prozess, der vom Kreml stets auch als Abkehr vom Westen inszeniert wurde. Unmittelbar vor dem Angriff auf die Ukraine besuchte Wladimir Putin anlässlich der Olympischen Winterspiele Peking und unterzeichnete mit Präsident Xi Jinping ein Abkommen über strategische Partnerschaft, das die Politik beider Länder im Gleichklang erscheinen ließ. Peking sprach sich darin gegen eine NATO-Erweiterung aus – was den chinesischen Präsidenten allerdings nicht viel kostete. Ob Wladimir Putin ihn bei dieser Gelegenheit über seinen bevorstehenden Angriff unterrichtet hat? Bestenfalls auf der Linie des russischen Narrativs: »Unsere Landsleute im Osten der Ukraine sind schrecklichen Anfeindungen ausgesetzt, und wir werden ihnen möglicherweise beistehen müssen.«

Wie eng die strategische Partnerschaft war, zeigte sich, als Peking sich nach Beginn des Krieges in der Vollversammlung der Vereinten Nationen bei den Abstimmungen über Russlands Aggression der Stimme enthielt. Zwar war aus Peking mancherlei verbale Nähe zu Moskau zu vernehmen; man war auch bereit, das russische Narrativ in gewissem Umfang zu bedienen und die USA und die NATO für den Krieg verantwortlich zu machen, doch es kamen auch mahnende Worte, den Krieg zu beenden. Alle Parteien sollten »auf verantwortungsvolle Weise« auf ein Ende des Konfliktes hinarbeiten, sagte Präsident Xi laut chinesischen Angaben seinem russischen Amtskollegen in einem Telefongespräch am 15. Juni und drängte auf eine Verhandlungslösung. Xi bekräftigte die Bereitschaft Chinas, eine Vermittlerrolle zu übernehmen. Was Moskau tat, verstieß fundamental gegen einen wichtigen Grundsatz chinesischer Außenpolitik: die Souveränität der Staaten und die Unverletzlichkeit ihrer Grenzen. Dies mag irritierend klingen, denkt man an die unverhohlenen Wünsche der Volksrepublik, sich Taiwan einzuverleiben. Aber Taiwan ist aus Sicht Pekings kein eigener Staat, sondern bloß eine abtrünnige Region, die es wieder unter Kuratel zu stellen gilt, so wie Hongkong. Auch manche Muskelspiele gegenüber seinen südasiatischen Nachbarn lassen es befremdlich erscheinen, dass ausgerechnet Peking das Prinzip der Souveränität hochhält. Doch dieses Prinzip so unverhohlen zu verletzen, wie Russland dies tat, kann Peking nicht recht sein. Mit großer Aufmerksamkeit dürfte man in China daher auch verfolgt haben, wie geschlossen und massiv der Westen auf die fundamentale Verletzung internationaler Regeln reagierte.

Zur Ukraine unterhält China gute wirtschaftliche Verbindungen. Auch deshalb war Peking bereit, eine Rolle als Vermittler zu übernehmen. Aber ein Vermittler muss eine Vorstellung davon haben, wo ein Kompromiss liegen könnte – gerade die chinesische Politik denkt in diesem umfassenden Sinne. Solange Wladimir Putin an seinen ultimativen Forderungen festhält, stehen die Chancen einer Vermittlung für Peking schlecht.

Wie immer dieser Konflikt ausgehen mag, eines ist sicher: Chinas Rolle wird gestärkt werden. Auf jeden Fall im Verhältnis zu Russland. Die »strategische Partnerschaft« hatte schon zuvor erhebliche Schlagseite. Russlands Anteil am chinesischen Außenhandel betrug 2019 lediglich 2,4 Prozent. Im Vergleich: Der Handel mit den USA machte im gleichen Jahr 13,27 Prozent des chinesischen Außenhandels aus. 90 Prozent der chinesischen Exporte nach Russland bestanden aus verarbeiteten Gütern, 90 Prozent der russischen Exporte nach China aus Rohstoffen. Die Zahlen entsprechen der Natur des jeweiligen Wirtschaftsmodells, daher mag es sich um ein für beide Seiten vorteilhaftes Verhältnis handeln. Doch der Krieg gegen die Ukraine wird dazu führen, dass Moskau mehr und mehr auf Peking angewiesen sein wird; und wenn man in Russland eines verabscheut, dann ist es, abhängig zu sein und noch weit abhängiger zu werden. China wird seine Karten gut spielen in einem Verhältnis scheinbar freundlicher Zugewandtheit bei gleichzeitiger Durchsetzung seiner Interessen gegenüber Moskau.

Das hatte sich schon in den zurückliegenden Jahren gezeigt,

wenn die Präsidenten beider Länder regelmäßig zu Gipfeltreffen zusammenkamen. Wladimir Putin beschwor ein ums andere Mal seine Idee einer eurasischen Integration, wozu Präsident Xi Jinping lächelnd nickte, um anschließend konsequent seine Politik der Seidenstraße durchzuziehen. Russland ist es nicht gelungen, wirtschaftlich und politisch mehr Gewicht auf die Waagschale zu bringen. In Moskau wurde schon lange bemerkt, dass man nicht Partner auf Augenhöhe war, sondern Objekt – als Transitstrecke zu den interessanten Märkten Westeuropas. Diese Pläne Chinas sind nun mit Gewalt zerschlagen, konsequenterweise investierte Peking, entgegen vorherigen Vereinbarungen, nach Kriegsbeginn nicht länger in den Ausbau des russischen Strangs der Seidenstraße. China wird sich neue Wege suchen: südlich um Russland herum und nördlich über die zunehmend eisfreien Seewege an Russlands Nordküste vorbei, in Peking bezeichnenderweise »arktische Seidenstraße« genannt. Der wirtschaftlichen Zusammenarbeit beider Länder sind Grenzen gesetzt. Es fehlt ihnen an Infrastruktur und Logistik.

Nicht ohne Grund fürchtete der Westen, China könnte die Sanktionspolitik unterlaufen. Der amerikanische Präsident und Kommissionspräsidentin von der Leyen richteten deutliche Warnungen an Peking, die angesichts der Handelsbilanzen Chinas mit den USA und Europa nicht ungehört blieben. Man tue nichts absichtlich, um die vom Westen gegen Russland verhängten Sanktionen zu umgehen, erklärte das Außenministerium in Peking. Mitte Juni bekräftigte der chinesische Verteidigungsminister auf einer Sicherheitskonferenz in Singapur, sein Land habe Russland im Zusammenhang mit der »Ukraine-Krise niemals irgendeine Art von materieller Unterstützung geliefert«. Peking unterstütze »Friedensverhandlungen« zwischen den Kriegsparteien und hoffe, dass »die NATO Gespräche mit Russland führen wird«. Peking agierte seit Kriegsbeginn insgesamt mit großer Vorsicht: Die Staatsbank fuhr ihre Operationen mit Russland herunter, Staatsbetriebe vermieden Kooperations-Projekte, bei denen westliche High-Tech-Produkte eine Rolle spielen könnten, die chinesischen Partner stellten ihre Zusammenarbeit mit der Russischen Akademie der Wissenschaften fast vollständig ein, wie deren Präsident beklagte. Sollte Peking sich je zu Waffenlieferungen an Russland oder weit gehender Unterstützung entschließen, dürfte dies einen politischen Preis haben. Langfristig muss Wladimir Putin fürchten, dass China ein in wachsende Abhängigkeit geratenes Russland als Mittel seiner Politik nutzen wird, um die Auseinandersetzung mit den USA zu suchen, und sei es als nützlicher Quertreiber in der internationalen Arena. Wir müssen unsere Politik so ausrichten, dass wir Peking dazu bewegen, ein verantwortungsvoller Partner in der internationalen Politik zu werden – ein schmaler Grat, den wir angesichts vieler berechtigter Kritik an China in der Abwägung von werte- und interessegeleiteter Politik werden gehen müssen.

FOLGEN FÜR RUSSLAND

Je länger sein Krieg dauerte, je schlechter er lief, je stärker die Auswirkungen der Sanktionen in Russland spürbar wurden, desto mehr riskierte Wladimir Putin den Unmut der russischen Bevölkerung – etwas, was er besonders fürchtet. Was in den ersten Kriegstagen und auch noch danach an Protesten zu sehen war, waren mutige Aktionen einer noch vorhandenen Bürgergesellschaft, von einzelnen Menschen, die aus Überzeugung handelten. Sie wussten, welche Risiken sie eingingen. Die Regierung hatte das Strafmaß für Proteste kurzfristig auf bis zu 15 Jahre Lagerhaft heraufgesetzt. Dennoch kam es in ganz Russland zu Demonstrationen und zur Verhaftung und Aburteilung von etwa 15 000 Protestierenden.

Zum Sinnbild des Protestes wurde Marina Owsjannikowa, Redakteurin des Staatsfernsehens, die am 14. März in den laufenden Abendnachrichten ins Bild sprang und ein Plakat hochhielt, auf dem sie gegen den Krieg protestierte und die Menschen aufforderte, nicht den Lügen der Propaganda zu glauben. Natürlich wurde sie sogleich verhaftet, doch ihre Botschaft, die sie parallel in den sozialen Medien postete, löste in Russland starke Reaktionen aus und ging um die Welt: »Was in der Ukraine geschieht, ist ein Verbrechen. Und Russland ist der Aggressor. Und die Verantwortung hierfür liegt auf dem Gewissen eines einzigen Mannes: Wladimir Putins. Mein Vater ist Ukrainer. Meine Mutter ist Russin. Und sie waren nie Feinde … Russland muss diesen Bruderkrieg sofort beenden … Leider habe ich viele der vergangenen Jahre damit verbracht, Kreml-Propaganda zu verbreiten, und ich schäme mich zutiefst dafür. Ich schäme mich, dass ich es zuließ, dass Lügen auf den Bildschirmen des Fernsehens erschienen. Ich schäme mich, dass ich es zuließ, dass das russische Volk zombifiziert wurde. Wir schwiegen 2014, als all dies gerade begonnen hatte. Wir protestierten nicht, als der Kreml Nawalny vergiftete. Wir schauten einfach schweigend zu, wie dieses menschenfeindliche Regime seine Arbeit tat. Und nun hat uns die ganze Welt den Rücken zugekehrt. Und die nächsten zehn Generationen werden es nicht schaffen, die Flecken dieses Bruderkrieges wegzuwaschen. Wir Russen sind denkende und intelligente Menschen. Es liegt allein in unserer Macht, diesen Irrsinn aufzuhalten. Geht hinaus und protestiert. Fürchtet euch vor nichts. Sie können uns nicht alle einsperren.«

Zahlreiche Menschen werden so gedacht haben, machten ihre Meinung und Verzweiflung aber nicht öffentlich. Bei meiner Frau und mir, bei Freunden und Bekannten gingen viele Hilferufe und erschütternde Nachrichten langjähriger russischer Weggefährten ein. So wie diese: »Wir sind alle tief geschockt und tief besorgt über die Entscheidung der russischen Führung – das hat sich nicht das Volk ausgesucht!!! Mutig zu sein, ist leider nicht mehr möglich ... Tausende von Menschen haben Russland in dieser Woche verlassen, ich denke auch sehr viel daran: Ich möchte nichts mit dieser Macht zu tun haben, wobei Russland doch mein Zuhause ist. Aber es kommt nur Schlimmeres: Repressionen, Polizeistaat, Defizite, Eiserner Vorhang und Armut. Es tut alles enorm leid und weh. Ich hoffe, die Ukraine wird uns irgendwann verzeihen ... Die Situation in Russland entwickelt sich rasch und dramatisch: Man hat das Gefühl, ›der Boden wurde erreicht‹, am nächsten Tag versteht man aber, dass es noch viel, viel tiefer gehen kann. Zucker und Salz zu finden, ist nicht einfach. Medikamente verschwinden auch langsam. In den Schulen gibt es jeden Tag Klassenstunden zum Thema ›Sonderoperation‹. Mein Aljoscha malt jeden Tag Panzer, bastelt Raketen, singt Kriegslieder und erzählt mir, warum Russland die ›Sonderoperation‹ durchführen musste – und das alles mit fünf Jahren im Kindergarten! Ich habe jetzt wirklich Angst.«

Nicht nur Tausende, Zehntausende haben Russland inzwischen verlassen. Den Künstlern, Schriftstellern und kritischen Journalisten, die gingen, wird Wladimir Putin nicht nachtrauern. Aber es verließen eben auch Ingenieure, Firmengründer und Wissenschaftler das Land, IT-Experten wurden vom Wehrdienst befreit, um sie zu halten. Russland erlebte einen Aderlass wie wohl seit der Revolution von 1917 nicht mehr. Darauf hatte bereits am 10. Dezember 2021 in Oslo Dmitri Muratow angespielt, als dem mutigen Journalisten der Friedensnobelpreis verliehen wurde: »Das ›Philosophenschiff‹ ist durch das ›Journalistenflugzeug‹ ersetzt worden.« Russlands klügste Köpfe hatten nach der Revolution ihre Heimat auf dem Seeweg verlassen.

Am 18. März, dem Jahrestag der Einverleibung der Krim, karrte die russische Propagandamaschinerie Zehntausende Mitarbeiter von Behörden und Staatsbetrieben zu einer Kundgebung im Moskauer Luschniki-Stadion. Auf ihren Fahnen und über der Bühne, auf der Wladimir Putin eine kurze Ansprache hielt, prangte das neue Symbol für Russlands »Spezialoperation« – das lateinische Z, das es im kyrillischen Alphabet nicht gibt. Es soll für »za pobedu« stehen, »für den Sieg«. Und über der Bühne stand »Für eine Welt ohne Nazismus«. Immer wieder dieser wichtige Rückbezug.

Vielleicht hielten viele derjenigen, die man ins Stadion geschafft hatte, den Krieg gegen das Nachbarland tatsächlich für eine gerechte Sache oder gar eine große Heldentat. Die Mehrheit der Teilnehmer dürfte der alten Regel aus Sowjetzeiten gefolgt sein und sich weggeduckt haben. Die Zeichen der Repression waren seit einigen Jahren immer deutlicher ablesbar, nicht zuletzt an einem verstärkten Rückgriff auf die Diktion der Stalin-Zeit. »Fünfte Kolonne«, »ausländischer Agent«, »unerwünschte Organisation« waren bereits zu meiner Zeit in Moskau gern verwendete Begriffe. Zwei Tage vor der Massenkundgebung im Luschniki-Stadion hatte Wladimir Putin in einer Videobotschaft an sein Volk Klartext geredet: »Jedes Volk, und erst recht das russische Volk, wird immer in der Lage sein, wahre Patrioten von Abschaum und Verrätern zu unterscheiden.« Russland werde solche »einfach ausspucken wie eine Fliege, die ihm versehentlich in den Mund geflogen ist, einfach auf den Bürgersteig spucken. Ich bin überzeugt, dass eine solche natürliche Selbstreinigung der Gesellschaft unser Volk nur stärken wird.«

Mehr als dreißig Jahre nach der Auflösung der Sowjetunion begegnet man in Russland noch immer dem Typus des »Sowjetmenschen«, wie russische Soziologen ihn nennen. Er lebt in zwei Welten: im Mythos vom großen unbesiegbaren Vaterland und in der Realität eines von Entbehrungen und Widrigkeiten bestimmten Alltags. Der Soziologe Lew Gudkow, seit fast zwanzig Jahren Direktor des Lewada-Zentrums, hat diesen die sowjetische, aber eben auch die postsowjetische Gesellschaft bestimmenden Typus so charakterisiert: »Er identifiziert sich mit dem Staat, denkt imperial, aber weiß auch, dass der Staat ihn trotzdem betrügt und ausnutzt, dass das ein System der Gewalt ist und man sich deshalb der Kontrolle entziehen muss. Es ist ein unaufrichtiger, zweideutiger Mensch, immer argwöhnisch, von den Brüchen der Knochenmühle geprägt, die sein Leben durchziehen. Deshalb ist er ziemlich zynisch, innerlich aggressiv, vertraut nur seinen Nächsten.« Die sprichwörtliche Duldsamkeit der Russen, angeblich Teil ihres Nationalcharakters, sei in Wirklichkeit nichts anderes als eine

Folge der Anpassung an einen Zwang, den die Menschen als sinnlose Gewalt erlebten. Der »Sowjetmensch« überdauerte das ideologische Vakuum der neunziger Jahre und erhielt mit Wladimir Putins Vision von der Überlegenheit und Einzigartigkeit Russlands in den letzten Jahren erneut starken Auftrieb. Auf das Schweigen der russischen Bevölkerung zum Krieg gegen die Ukraine ging der russische Schriftsteller Michail Schischkin in einem Aufsatz in der »Frankfurter Allgemeinen Zeitung« vom 2. Juli ein: »Es ist die über Generationen hinweg erlernte und weitergegebene Überlebensstrategie: Schweigen ist sicherer. Gesünder ist es, keine eigene Meinung zu haben. Die Macht hat immer recht. Die Macht hängt nicht von der Meinung der Bevölkerung ab, sie ist einfach da oben, wie der Himmel, und man muss gehorchen, egal welcher Befehl kommt. Das macht den russischen Zaren sakral. Wer widerspricht, landet im Gefängnis. Und noch dazu wissen die Russen aus eigener, ungeheuerlicher historischer Erfahrung, dass noch die widerwärtigste Macht in Russland besser als keine ist.«

Was aber geschieht, wenn es zu wirklichen sozialen und wirtschaftlichen Problemen kommt? Wenn die Mittel fehlen, die Belastungen der Menschen auszugleichen? Dann können innerhalb kurzer Zeit Massenproteste entstehen, die auch ein staatlicher Repressionsapparat möglicherweise nicht mehr unter Kontrolle halten kann. Erst gut drei Jahrzehnte ist es her, dass anscheinend unerschütterliche Diktaturen, die über einen eindrucksvollen Sicherheitsapparat verfügten, quasi von heute auf morgen der Geschichte angehörten. Ab einem bestimmten Moment hat das Volk die Nase voll und geht auf die Straße.

Eines Tages taucht der »schwarze Schwan« auf, und es entsteht eine unvorhergesehene und in ihren Weiterungen unkalkulierbare Situation. Dann klettert ein unbekannter polnischer Werftarbeiter, dem es reicht, aufs Danziger Werkstor und ruft: »Mir nach!« Innerhalb eines Jahres entstand damals im sozialistischen Polen die größte Einheitsgewerkschaft der Welt mit 12 Millionen Mitgliedern. Nur die Ausrufung des Kriegsrechts verhinderte den Umsturz. Nichts dürfte Wladimir Putin mehr fürchten als einen russischen Lech Wałęsa, einen charismatischen Anführer, »den noch niemand kennt, auch der Geheimdienst nicht«, wie eine russische Gesprächspartnerin mir einmal sagte.

Auch im Umfeld der russischen Führung zeigten sich Risse. Nach zuverlässigen Berichten hieß es, Elwira Nabiullina, die Chefin der russischen Staatsbank, habe im Februar Präsident Putin gebeten, ihre Amtszeit nicht nochmals zu verlängern. In Moskau hatte ich die international renommierte Finanzexpertin, die in der Vergangenheit auch gegen große Widerstände an einem konsequenten geldpolitischen Kurs festhielt, als kluge, nüchterne und hoch kompetente Gesprächspartnerin schätzen gelernt. Ihre Bitte, so hieß es, habe Wladimir Putin abgelehnt. Es ist in Russland nicht üblich, dass man sich gegen eine solche Entscheidung zur Wehr setzt.

Am 22. März gab das russische Präsidialamt bekannt, dass Anatoly Tschubais, Berater von Wladimir Putin, »auf eigenen Wunsch« zurückgetreten sei. Wie es in Moskau hieß, verließ er anschließend das Land in Richtung Türkei. Zur Zeit von Boris Jelzin war er Vizeregierungschef und Leiter der Präsidialverwaltung gewesen, wesentlich verantwortlich für die Privatisierung der Wirtschaft. Mitte Juni folgte ihm der ehemalige Regierungschef Michail Kassjanow, der während der ersten Amtsperiode von Präsident Putin von 2000 bis 2004 dessen Regierungschef gewesen war.

In bemerkenswerter Deutlichkeit meldete sich Arkadi Dworkowitsch zu Wort, früher Wirtschaftsberater des Präsidenten und stellvertretender Ministerpräsident, heute Präsident des Weltschachverbandes, ein linientreuer, aber kenntnisreicher und stets aufgeschlossener Gesprächspartner. Der Krieg sei die schlimmste Erfahrung im Leben eines Menschen, äußerte er in einem Interview am 14. März 2022. Dies gelte auch für den Krieg in der Ukraine, seine Gedanken seien bei der ukrainischen Zivilbevölkerung. Solche Zeichen sind bemerkenswert, aber auf die Entwicklung in Russland dürften sie einstweilen keine größeren Auswirkungen haben. Die Führung ist in der Wagenburg und hält einstweilen zusammen, die Superreichen sind noch mehr auf Wladimir Putin angewiesen als in der Vergangenheit.

Bald begann der Kreml Druck auszuüben auf die Führer der Religionsgemeinschaften, sich für die »Spezialoperation« in der Ukraine auszusprechen. Dem widersetzte sich mit mutigen Aufrufen zum Frieden der Erzbischof der Evangelisch-Lutherischen Kirche Russlands, Dietrich Brauer. Mit einer Anklage wegen Staatsverrats konfrontiert blieb ihm bald nach Kriegsbeginn nur der Ausweg, mit seiner Familie Zuflucht in Deutschland zu suchen. Aus gleichem Grund verließ der Moskauer Oberrabbiner Pinchas Goldschmidt, der zugleich Vorsitzender der Europäischen Rabbinerkonferenz ist, mit seiner Frau Russland. Auch Brauer und Goldschmidt waren mir in Moskau mit ihrer besonderen, unabhängigen Sicht auf ihr Land wichtige Gesprächspartner gewesen.

Sollte es in Russland zu einer Volkserhebung kommen, stellt sich die Frage, ob sich hieraus eine demokratische Entwicklung ergeben könnte. Nicht auszuschließen ist, dass in einem solchen Fall erst einmal der Sicherheitsapparat die Oberhand gewinnt, indem er Stabilität und Ordnung verspricht, die Umverteilung von Reichtum und Wohlstand und Bestrafung der Schuldigen. Große Teile der Bevölkerung, die nichts mehr fürchtet als Unordnung, Chaos und unkontrollierte Gewalt, könnten eine solche Lösung durchaus gutheißen. Nicht, dass Russland unbedingt eine starke Hand benötigt. »Nur der Westen glaubt, wir seien unfähig zur Demokratie«, hat Michail Gorbatschow mir einmal gesagt. Doch viele Menschen begegnen der Demokratie mit Misstrauen; vergiftet durch jahrelange antiwestliche Propaganda bringen sie Demokratie mit westlicher Dekadenz und Verfall in Verbindung.

Was viele Menschen in Russland zudem fürchten dürften, wäre ein erneutes Aufflammen separatistischer Bestrebungen, sollte es im Lande zu einer unkontrollierten Entwicklung kommen. Auszuschließen wäre das nicht – vor allem im Nordkaukasus ist nur der repressive Deckel der jetzigen Machthaber auf dem Topf. Die Tschetschenienkriege sind nicht vergessen. Und auch andere Regionen könnten zu dem Schluss kommen, dass es für sie vorteilhafter wäre, ihr Geschick selbst in die Hand zu nehmen, statt jeden Weg Moskaus mitzugehen – vor allem jene Gebiete, die ihre Reichtümer ständig mit ärmeren Regionen des Landes teilen oder für kostspielige Abenteuer des Kreml zur Verfügung stellen müssen.

Zu einer Fortsetzung der gegenwärtigen autoritären Herrschaft würde es vermutlich auch kommen, sollte in Kreisen der derzeitigen Führung der Unmut über den Kurs des Präsidenten wachsen. Ein sich länger hinziehender Krieg, offenkundige Schwächen des russischen Vorgehens verbunden mit hohen Verlusten oder auch Entscheidungen Wladimir Putins, die Eskalation noch weiter zu treiben, könnten dazu führen, dass es insbesondere innerhalb des Militärs zu Widerspruch kommt, der dann in Handeln umschlägt. Das russische Militär hat zwar eine andere Tradition, einen anderen Auftrag und eine andere Vorstellung von seiner Rolle, als dies in den Streitkräften des Westens der Fall ist. Doch auch die Nachfolger der Roten Armee sehen sich nicht als bloßes Vollzugsorgan ihrer Führung. Ein Umbruch in Russland, als Ausgang einer neuen Entwicklung, ist am ehesten aufgrund eines Eingreifens des Militärs vorstellbar. Als der Krieg nicht so lief, wie Wladimir Putin sich dies vorgestellt hatte, tauschte er führende Generäle aus, was in den Streitkräften nicht nur auf Zustimmung gestoßen sein dürfte. Mit Generaloberst Gennadi Schidko wurde im Juni bereits der dritte Gesamtbefehlshaber der Truppen in der Ukraine während des Krieges ernannt. Eher beiläufig erfuhr die Öffentlichkeit, dass der Kommandant der Luftlandetruppen entlassen worden war – diese waren beim Angriff auf Kiew gescheitert und hatten dabei große Verluste erlitten. Weitere, umfangreichere Umbesetzungen kamen hinzu.

In den Geheimdiensten, die dem ehemaligen KGB-Offizier Wladimir Putin noch treuer ergeben sind und noch stärker unter seiner Kontrolle stehen als das Militär, wird sich nicht so leicht Widerstand regen. Auch wenn sie, wie aus Moskau zu hören war, der hauptsächliche Unmut des Präsidenten dafür traf, dass ihm ein falsches Bild von der Ukraine vermittelt worden war. Offensichtlich kam es zu Säuberungen – »kto winowat?«, »Wer trägt die Schuld?«

Würde eine vom Militär geprägte Herrschaft in Moskau eine Neuausrichtung der russischen Außenpolitik bedeuten? Davon ist nicht auszugehen. Zwar wäre die Bereitschaft, den Konflikt mit der Ukraine zu lösen, wohl höher, aber an der außenpolitischen Grundhaltung dürfte sich wenig ändern. Weiterhin hätten wir es mit einem Russland zu tun, das einen imperialen Anspruch erhebt, Gefügigkeit von den Nachbarn erwartet, die NATO als bedrohlich sieht und sich Pufferzonen und Einflusssphären wünscht.

Eine solche Entwicklung wäre charakteristisch für die unmittelbare Phase nach dem Abtritt eines dominanten Herrschers, der über lange Zeit die Bühne bestimmt, die Regeln gesetzt und das Denken geprägt hat. Nach Stalin bedurfte es erst einer mehrjährigen Zwischenphase, mit mehreren Führungspersönlichkeiten an der Spitze, bis Chruschtschow auf dem XX. Parteitag 1956 den Versuch wagen konnte, zu neuen Ufern aufzubrechen. Ganz gleich, ob es Wladimir Putin gelingt, sich an der Macht zu halten, oder ob es zu einem Umbruch kommt: Wir sind gut beraten, uns darauf einzustellen, dass sich in Russland einstweilen nicht allzu viel ändern dürfte.

*

Wird das russisch-europäische Verhältnis dauerhaft von Konfrontation bestimmt bleiben? Alle Träume, Entwürfe und Visionen der vergangenen Jahre scheinen in Trümmern zu liegen. Der gemeinsame politische Raum von Lissabon – beziehungsweise Vancouver – bis Wladiwostok, an dem wir stets als einem Zukunftsziel festgehalten haben, ist in unerreichbare Ferne gerückt. Die zentralen Institutionen der europäischen Sicherheit und Zusammenarbeit, die OSZE und der Europarat, sind durch Wladimir Putins Handeln fundamental infrage gestellt. Ebenso der wirtschaftliche Austausch und alle Formen der Zusammenarbeit, die uns stets noch miteinander verbunden hatten.

Wie also umgehen mit diesem Russland und seinem aggressionsbereiten Präsidenten? Er hat den Weg der Konfrontation gewählt. Einhegung, »containment«, ist unabdingbar, »constrainment«, das Abhalten von weiterem Ausgreifen, muss hinzukommen. Und der Versuch, der Konfrontation durch Verabredungen eine gewisse Berechenbarkeit zu geben.

Zu hoffen bleibt, dass eine Zusammenarbeit zumindest bei den großen Zukunftsthemen möglich bleiben wird, die kein Staat allein lösen kann. Der Klimawandel betrifft Russland massiv – konkret in seinen jetzt schon greifbaren Auswirkungen vor allem im Norden des Landes. Aber auch das veraltete, nun noch viel mehr gefährdete Wirtschaftsmodell, so viel wie möglich aus dem Export fossiler Energieträger herauszupressen, führt zu massiven Umweltschäden und belastet das Klima. Vorsichtig hatte sich die russische Politik zuletzt einer internationalen Zusammenarbeit bei diesen Themen angenähert.

Pandemien, Migration und Terrorismus sind weitere Herausforderungen, die Russland nicht allein bewältigen kann. Zu verhindern, dass weitere Länder die Fähigkeit erlangen, nukleare Waffen einzusetzen, liegt ebenfalls in allseitigem Interesse. Das Thema Rüstungskontrolle ist lange Zeit zu nachlässig behandelt worden, während sich gleichzeitig die Möglichkeiten der Kriegführung enorm weiterentwickelt haben:

Hyperschallwaffen, neue Raketensysteme und Cyberkrieg. Hier müssen wir gemeinsam zumindest zur »geordneten Konfrontation« kommen.

Was uns bleibt, ist die Hoffnung auf eine Zeit danach. Wladimir Putin ist zwar Russlands Macht, aber er ist nicht Russland. Als jemandem, der Russland, seinen Menschen, ihrem Schicksal und ihren großen Leistungen in tiefer Sympathie verbunden bleibt, tut es mir unendlich leid, dass dieser Präsident nicht nur die Ukraine, sondern auch sein Land ins Verderben führt. Wo uns dies möglich ist, müssen wir bestehende Verbindungen nutzen und die Tradition des Austauschs fortsetzen, die wir in der Kultur oder der Wissenschaft haben. Auch wenn die russische Zivilgesellschaft unter den zunehmenden Repressionen enorm zu leiden hat, bleibt sie ein wichtiger Partner. Und sie braucht uns an ihrer Seite.

Auch in schwieriger Zeit müssen wir darauf setzen, dass sich in Zukunft Chancen ergeben und Lösungen eröffnen, die sich derzeit höchstens in blassen Konturen abzeichnen. Weder ist ausgemacht, dass Chinas Weg auf Dauer erfolgreich ist, noch dass Russland sich nicht wandelt. Wir müssen an der Zuversicht festhalten, dass die Zukunft besser aussehen könnte, als die sehr begrenzte Einsicht der Gegenwart uns dies vermuten lässt.

DANK

Dieses Buch hätte nicht in so kurzer Zeit entstehen können, hätte ich nicht sehr viel Unterstützung erfahren. Zu danken habe ich der Osteuropa-Expertin Sabine Fischer, die mit ihrem weiten Blick und klugen Ratschlägen sehr viel dazu beigetragen hat. Dem Autor und Lektor Thomas Karlauf und dem Lektor des Aufbau-Verlages Christian Koth für viel Zuarbeit und kritische Hinweise. Brigadegeneral a. D. Rainer Schwalb, dem Präsidenten der Bundessicherheitsakademie, Botschafter Ekkehard Brose, und dem China-Experten Eberhard Sandschneider für fachliche Expertise. Alexander Dergay für hilfreiche Recherchen. Und vor allem meiner Frau, die mir den Raum gelassen hat, dieses Buch zu schreiben, und mich darin bestärkt hat, es zu tun.

Rüdiger von Fritsch
Russlands Weg
Als Botschafter in Moskau
349 Seiten. Gebunden mit Schutzumschlag
ISBN 978-3-351-03814-4
Auch als E-Book lieferbar

»2014 kam Rüdiger von Fritsch als Botschafter nach Moskau, in einem
für die russisch-europäischen Beziehungen höchst tragischen Jahr.
Damals traten die verborgenen Absichten des Kremls, der von einem
Wiederaufstieg zur Großmacht träumte, deutlich zutage. Im politischen
Nebel zeichneten sich vage die Konturen des alten russischen Reiches als
Zukunftsvision ab – endgültig untergegangen mit der Sowjetunion und
wie diese angeblich Opfer westlicher Verschwörung. Moskau präsen-
tierte den Zuschauern rund um den Globus eine Überraschung: eine
geschickte Spezialoperation zur Angliederung der Krim an Russland.
Und anschließend löste es einen ganz realen Krieg mitten in Europa aus,
im Südosten der Ukraine. ›Russlands Weg‹ bietet eine ausführliche und
fundierte Analyse dieser Geschehnisse, der Gründe und Ziele, und geht
auch darauf ein, wie sich die Situation weiterhin entwickelt, denn die
Tragödie ist noch nicht zu Ende.« Viktor Jerofejew

»Ein ebenso anschaulicher wie tiefenscharfer Bericht aus dem Russland
Wladimir Putins. Das Buch des langjährigen deutschen Botschafters in
Moskau sollte zur Pflichtlektüre für alle Politiker werden.« Heinrich-
August Winkler

Regelmäßige Informationen erhalten Sie über unseren Newsletter.
Jetzt anmelden unter: www.aufbau-verlage.de/newsletter